Geld sparen für Anfänger

Geld sparen im Alltag und beim Einkaufen, Finanzmanagement für Anfänger, Schulden abbauen und Träume erfüllen mit Sparplan

Bonus:
Budgetplaner für 30 Tage

2. Auflage

Anja Fürst

Alle Ratschläge in diesem Buch wurden vom Autor und vom Verlag sorgfältig erwogen und geprüft. Eine Garantie kann dennoch nicht übernommen werden. Eine Haftung des Autors beziehungsweise des Verlags für jegliche Personen-, Sach- und Vermögensschäden ist daher ausgeschlossen.

Geld sparen für Anfänger: Geld sparen im Alltag und beim Einkaufen, Finanzmanagement für Anfänger, Schulden abbauen und Träume erfüllen mit Sparplan

Copyright © 2020 – Anja Fürst

Alle Rechte, insbesondere das Recht der Vervielfältigung und Verbreitung der Übersetzung, vorbehalten. Kein Teil des Werkes darf in irgendeiner Form (durch Fotokopie, Mikrofilm oder ein anderes Verfahren) ohne schriftliche Genehmigung des Verlages reproduziert oder unter Verwendung elektronischer Systeme gespeichert, verarbeitet, vervielfältigt oder verbreitet werden.

2. Auflage 2020

Inhaltsverzeichnis

Vorwort 5

Einleitung 9

Die Bedeutung von Geld 12

Warum „Geld sparen"? 18

Mindset und Glaubenssätze 23

Sparen im Alltag 31

Sparen beim Einkaufen 40

Wochenplan in Sachen Geldausgaben 56

Das Internet macht ein passives Einkommen möglich 59

    Influencer 60

    E-Books 60

    Fotos 60

    Affiliate-Links: 61

    Geld anlegen 61

    Immobilien vermieten 61

    Videokurse 62

    Online Händler 62

    Gametester oder Produkttester 63

Reziprozität - wie Du Geld magisch anziehst 66

Maßnahmen zum Schuldenabbau inkl. Vorschlag für einen Sparplan 68

  So bringst Du Ordnung in die Welt der Finanzen 69

  Welche Vorteile bringt ein Sparplan? 72

    Das Sparbuch für die eiserne Reserve 73

    Der Sparvertrag bei der Bank auf längere Sicht 74

Die 25 besten Spartipps im Alltag 82

Fazit 95

Budgetplaner für 30 Tage 99

Vorwort

Das liebe gute Geld. Wann zuletzt hast Du über Geld nachgedacht oder Deine Ausgaben genau überdacht? Wir denken so selten über Geld nach und möchten dennoch, dass wir es ausgeben dürfen, ohne dass wir es verschwenden oder zu wenig davon haben. Der ewige Traum vom großen Reichtum – er würde sicher sehr viele Türen für uns öffnen!

Ist das nicht eine Traumvorstellung der höchsten Güte? Ja – die Tatsache, dass Du dieses Buch in Deinen Händen hältst, zeigt mir in vollem Maße, dass Du Dich für Geldausgaben, sparen und die Bedeutung von Geld interessierst. Dabei ist es längst Geschichte – Geld ist eigentlich ein „ganz normales Zahlungsmittel".

Was bedeutet dieser Faktor jedoch genau?

Du wirst den Ursprung und die Geschichte des Geldes in diesem Buch genau erfahren. Was denkst Du, wie lange es schon den Euro gibt? Sicher können sich viele Leserinnen und viele Leser noch an die Einführung dieses globalen Zahlungsmittels sehr gut erinnern. Wir denken jedoch tendenziell darüber nach, dass sich seit der Einführung dieser einheitlichen Währung in sehr vielen Staaten in ganz Europa alle Waren verteuert haben. Trägst auch Du in Dir den Gedanken, dass alles doppelt so teuer als noch vor 20 Jahren ist? Egal, welche Währung Du vor dem Euro gekannt hast: Die meisten Verbraucher denken, dass sich wirklich das ganze Leben erheblich mit jeder Währungsumstellung verteuert.

Ist dem wirklich so oder äußern sich die meisten Menschen immer gerne plakativ negativ über Geld und Politik, um der Masse zu folgen?

Das liebe, gute Geld. „Über Geld spricht man nicht, man hat es!" - das sagen die einen.

Andere Stimmen hingegen äußern, dass sie alle Gedanken rund um das Thema Geld mehr als verrückt machen. Warum gibt es keine Zinsen mehr auf der Bank und sollte man nicht besser sein Geld einfach ausgeben für Reisen und wunderschöne Dinge, die das Leben schließlich ausmachen?

Es gibt Geizhälse, Sparfüchse, Lebe-Menschen, Konsumsüchtige, Kredithaie, Anlageexperten, Schmarotzer und viele andere Charaktere rund ums Geld. Was denkst Du – welche Art zu leben kristallisiert sich hierbei als genau die richtige Art für Dich heraus? Fest steht, dass das liebe Geld uns zwangsläufig beschäftigt, ob wir es wollen oder nicht.

Wie heißt es so schön? „Ohne Moos nix los!" oder „Ohne Knete keine Fete!" Allein schon die unterschiedlichen Begriffe, die sich im Begriff Geld widerspiegeln, zeigen, welchen großen Stellenwert Geld in unserer Gesellschaft einnimmt. Von Kohle, Zaster, Piepen, Pulver, Heu, Schotter, bis Steine, Öcken, Moneten und vielen anderen Worten mehr. Daran erkennst Du, dass Geld eben einen mehr als hohen Stellenwert in unserer Gesellschaft einnimmt.

Geld zu haben, bedeutet Sicherheit und Stabilität. Gerade in den westlichen Industriestaaten ist uns dieser Aspekt meist mehr als wichtig, damit wir nachhaltig ein erfülltes, zufriedenes Leben führen dürfen. Wie denkst Du über den Vermögensaufbau nach? Hast Du Dir selbst schon einmal genau überlegt, warum es manchen Menschen sogar Spaß macht, Geld anzuhäufen und es zu vererben? Wer sich selbst nichts gönnt und enthaltsam lebt, kann sich manchmal mehr in Dankbarkeit wiegen als Konsummenschen, die niemals zufrieden sind.

Du siehst also: Der Begriff Geld macht eben doch einen entscheidenden Unterschied dafür, wie Du Dein Leben gestaltest. Hat die Einstellung zum lieben Geld nicht gar mit unserem Charakter zu tun? Diesen Aspekt solltest Du niemals außer Acht lassen! Wenn Dich alles rund ums Sparen und weitere Einflussfaktoren interessieren, wie Du im Alltag effektiv Geld einsparen kannst, ohne dabei an Lebensqualität zu verlieren, liegst Du mit diesem Ratgeber genau richtig. Wetten, dieses Buch zeigt Dir von der Pike auf, wie Du ein kleines Vermögen aufbauen kannst? Dies ermöglicht Dir, Dir den ein oder anderen Traum auf einzigartige Weise selbst zu erfüllen. Geld ist eben wichtig – auch wenn es natürlich nicht mit unmittelbarem Glück zu tun hat! Geld anzulegen, zu verwalten und zu horten macht Arbeit, die so mancher Vermögenshai gerne verrichten sollte.

Wo liegt das gesunde Mittelmaß zwischen Geld ausgeben und einen Sparvertrag nach dem anderen abzuschließen? Details zu diesem wichtigen Thema erfährst Du in diesem Ratgeber. Dazu findest Du wichtige Bonus-Tipps, die Dir in Sachen Geld den Alltag erleichtern. Welche Art zu sparen passt in diesem Punkt besonders gut zu Dir und zu Deiner Persönlichkeit? Du wirst in diesem Buch Schritt für Schritt in jedem einzelnen Kapitel erfahren, was rund ums Geld wichtig ist.

Egal, ob Du Dich selbst als wahrer Kapitalist bezeichnest oder im Grundsatz keinen Spaß darin findest, Dich rund ums Thema Geld zu beschäftigen: In diesem, in leicht verständlicher Sprache geschriebenen Buch erfährst Du alle wichtigen Details rund um das Thema Geld.

Sparfüchse aufgepasst: Auch Sparfüchse heiße ich in diesem Buch herzlich Willkommen. Wetten, dass für sparsame Menschen, der ein oder andere Tipp mit dabei ist, der das Leben rund ums Spektrum Geld auch für Dich verbessern wird?

Einleitung

Warum solltest genau Du dieses Buch lesen?

Ganz einfach: Geld ist mehr als ein „übles Laster", über das man nicht spricht. Das Thema sparen und Geld ausgeben ist gesellschaftlich in allen Schichten, Nationen und bei allen Geschlechtern gleichermaßen in aller Munde. Auch wenn wir nicht so viel über Geld sprechen – innerlich beschäftigen wird es jeden Einzelnen von uns Menschen.

Warum sollten sonst bereits Kinder ihr Taschengeld erhalten und lernen, es richtig einzuteilen? Ganz klar: Geld ist ein Zahlungsmittel, das uns die Möglichkeiten eröffnet, uns schöne Dinge leisten zu können. Das Leben kostet Geld – ist es wirklich ein Gewinn, dass wir in der schnelllebigen Zeit im Internet nahezu alles per Kredit kaufen können? Wir dürfen den Fernseher finanzieren, fast jedes Auto kann geleast oder finanziert werden. Dass jedoch viele Menschen längst schon ihr Girokonto überziehen können, um in Saus und Braus zu leben, ist dennoch ein Lebensweg, den gerade die ältere Generation nicht unbedingt unterstützen wird.

Gehörst auch Du zu den Menschen, die vielleicht eine Mutter, einen Großvater oder andere Menschen kennt, die in der Nachkriegszeit aufgewachsen sind?

Kaum zu glauben – noch vor wenigen Jahrzehnten konnten sich Menschen kaum Essen leisten. Mühsam wurde jeder Cent (damals noch Pfennig) gespart, damit die Basics im Leben finanziert werden konnten. Ich kann jedem Leser an dieser Stelle inständig vermitteln: Von dieser Generation kann sich so mancher eine Scheibe abschneiden, wenn er sparen lernen will. Wer sich mühsam aus einer Krise heraus retten musste, weiß, was sparen heißt. Wusstest Du, dass es vor vielen Jahren den Menschen keinesfalls psychisch schlechter ging mit weniger Konsum, Wünschen und vielleicht auch Geld?

Du siehst somit ein paar Gefahren, die im Besitz, im Konsum und damit auch im Geld lauern: Geld kann süchtig und unglücklich machen. Wer dauernd nach dem Sinn strebt: „Immer höher, immer schneller, immer weiter", läuft große Gefahr darin, selbst im Burnout zu landen. Seelische Krankheiten nehmen in unserer modernen Gesellschaft immer mehr zu – leider. Hat diese Entwicklung gar mit dem Faktor Geld zu tun?

Natürlich ist es jedem Menschen selbst überlassen, über sein Leben, den Materialismus und sein Konsumverhalten einmal genau nachzudenken. Es geht mir als ehemaliger Bankerin in keinem Falle darum, Menschen oder Situationen pauschal zu beurteilen. Du bist Du – das soll auch so bleiben! Fakt ist jedoch, dass es in Sachen Geld ähnlich wie bei der Ernährung ist: Das Glück liegt in der goldenen Mitte.

Schön, dass Du dieses Buch in Händen hältst.

Ich lade Dich ein!

Ich lade Dich ein dazu, selbst zu entscheiden, ob Geld sparen der richtige Weg für Dich ist, ein sinnvolles und zufriedenes Leben zu führen.

Was ist Dein Mittelweg in Sachen Konsum und sparen, der Dich nachhaltig glücklich stimmt? Du wirst einige Anregungen, die auch zu Dir und zu Deinem Charakter passen, in diesem besonderen Ratgeber erfahren. Dabei obliegt es Dir, Dir ganz allein, welche Ideen Du umsetzen möchtest und wie genau Du zu dem kommen willst, was einen kleinen Lebenstraum für Dich darstellt.

Warum sparen?

Vielleicht magst Du Deinen besonderen Urlaub genießen oder bald eine Weltreise antreten. Willst Du Dir den großen Traum eines besonderen Autos oder das Glück vom trauten Reihenhaus erfüllen? Geld ist hierbei ein gutes Medium, das Wünsche wahr werden lässt.

Sparen lohnt sich also – im richtigen Rahmen.

Herzlich Willkommen in meinem Leserkreis dieses besonderen Ratgebers, der Dir einfache Tipps und Tricks rund ums Geld im Detail vorstellt. In diesem Buch lade ich Dich ein, genau die Grundlagen in Deinen Alltag zu integrieren, die Dein Leben verbessern und die voll und ganz zu Dir passen. Schließlich willst auch Du Dir selbst als Persönlichkeit treu bleiben, oder? Gerade aus diesem Grunde sind viele unterschiedliche Tipps für die Praxis in diesem Buch enthalten. Des Weiteren wird Dir von der Pike auf alles rund ums Thema Geld erklärt. Bist auch Du jetzt schon neugierig auf diese spannende Lektüre? Dann „Los geht's!"

Die Bedeutung von Geld

Die Definition von Geld ist für jeden Menschen unterschiedlich. Dennoch gibt es natürlich ein paar generelle Regeln dafür, wie die Bedeutung von Geld genau bezeichnet wird.

Was findest Du in Wikipedia, wenn Du den Begriff Geld eingibst? Geld ist an und für sich ein Zahlungs- und Tauschmittel. Dabei sagt das Lexikon, dass das Geld als ein „allgemein anerkanntes Tausch- und Zahlungsmittel" bezeichnet werden kann. Woher jedoch stammt das Wort Geld von seinem ursprünglichen Charakter aus betrachtet? Die Definition stammt vom althochdeutschen Wort „Gelt", was so viel bedeutet wie „Vergeltung", „Vergütung", „Einkommen" oder „Wert".

Wie kannst Du Dir nun die Einführung von Geld als gesetzliches Zahlungsmittel vorstellen?

Grundsätzlich war es noch vor vielen hundert Jahren üblich, um bestimmte Waren oder Leistungen zu erhalten, einen Gegenwert in anderen Waren abzuliefern. Du kannst Dir das in etwa so vorstellen: Wenn zu uralten Zeiten (nach der Steinzeit) eine Frau eine handwerkliche Hilfe eines Mannes benötigten, durfte sie ihm im Gegenzug für seine Leistung einen anderen Dienst erweisen. Zum Beispiel war es ihr möglich, ihm dafür bestimmte Waren aus dem eigenen Garten wie Obst und Kartoffeln anzubieten. So bekam jeder seine Leistung – das Zahlungsmittel Geld war in der langen Geschichte der Vergangenheit noch nicht erfunden. Es wurde getauscht – jeder konnte seinen Mehrwert aus diesem Tausch ziehen. Heute wird natürlich alles längst in Preisen und Geld deklariert und bezahlt.

Was zeigt Dir dieses einfache Beispiel in Sachen Geld als Zahlungsmittel? Du siehst: Geld ist eigentlich nur ein Medium, um sich bestimmte Dinge leisten zu können, die Dein Leben bereichern. Dabei ist jeder Händler verpflichtet, das Geld anzunehmen, zu dem er seine Waren ausgewiesen hat und im Gegenzug das Gut auszuhändigen. Geld dient also als gesetzliches Zahlungsmittel, durch das eine Schuld mit rechtlicher Wirkung getilgt werden kann.

Warum gibt es ein gesetzliches Zahlungsmittel in unterschiedlichen Währungen?

Betrachten wir einmal Europa: Während noch vor der Jahrtausendwende in Italien, Spanien, Österreich, der Schweiz oder Deutschland völlig andere Währungen als Zahlungsmittel eingesetzt wurden, ist vieles mit Einführung des Euros leichter geworden. Auch, wenn es Dir nicht so vorkommen mag: Der Euro hat die wirtschaftliche Zusammenarbeit unter den Ländern erheblich gestärkt. Während Du es als Urlauber einfacher hast, nicht bei jeder Reise die Fremdwährung gegen teure Provisionen der Banken umzutauschen, entfallen aufwendige Kursumrechnungen vor allem im wirtschaftlichen Kreislauf, der unseren Erfolg im jeweiligen Land bestimmt. Werden Import und Export nicht leichter durch eine globale Währung, die jeder kennt und einsetzt? Ja – genau aus diesem Grunde finden wir auch in den USA schon seit jeher in einem riesigen Kontinent mit mehr als 50 einzelnen Staaten eine einzige Währung: den US-Dollar.

Wer ist für den Druck des Bargeldes verantwortlich?

Im Euro-Währungsgebiet ist das Bargeld in Euro das gesetzliche Zahlungsmittel. Dennoch sind nicht alle europäischen Staaten an der gemeinsamen Währung beteiligt, was auch durchaus seinen wirtschaftlichen Sinn ausdrückt. Nur die „besten Staaten mit wirtschaftlichem Fundament" in Europa dürfen am Kreislauf der gemeinsamen Währung teilnehmen. Dieses Buch jedoch ist kein Wirtschafts-Ratgeber, deshalb wird dieses Thema nur am Rande gestreift. Im Eurosystem dürfen nur die Zentralbanken (EZB) Euro-Bargeld erschaffen und mit System und Plan in Umlauf bringen.

Was bedeutet Inflation und Deflation?

Auch Du hast sicher manchmal das Gefühl, dass das Leben teurer wird und Du mehr Geld als noch vor einigen Jahren ausgeben musst, wenn Du Kinokarten, Reisen oder Autos kaufst. Diese Geldentwertung wird mit dem Fachbegriff „Inflation" ausgedrückt. Die Kaufkraft des Geldes nimmt also im Laufe der Jahre ab – für ähnliche Summen erhältst Du bei weitem nicht mehr die gleichen Leistungen. Kostete eine Kugel Eis früher noch 60Cent, so bezahlst du heute meist mindestens 1€ pro Kugel.

Eine Deflation ist das Gegenteil der Inflation – der Wert des Geldes nimmt zu, was wir kaum bei einer normalen Entwicklung unserer Gesellschaft erleben werden.

Warum erkläre ich Dir diese Begriffe? Du siehst: Es ist mehr als wichtig, dass wir niemals zu viel Geldmenge in Umlauf haben. Wenn die Zentralbank zu viel Bargeld druckt, nimmt die Inflation zu – das Geld wird Schritt für Schritt weniger wert. Deshalb ist es wichtig, dass es wirtschaftlich genau im Vorfeld gesteuert wird, damit das Geld nicht an Kaufkraft verliert und als Zahlungsmittel so Einsatz findet, dass es die Wirtschaft sinnvoll ankurbelt. Dieser Effekt sorgt unter anderem dafür, dass die Menschen nicht verarmen und ihre Existenz sicher bewahren können.

Ist die Inflation nicht unsagbar hoch in Europa?

Nein – keinesfalls. Die Stabilität, die die EZB (Europäische Zentralbank) durch ihre durchdacht gesteuerte Politik erzielt, schafft eine moderate Inflationsrate von ca. 1 - 3 % pro Jahr. Nur im Vergleich: In Entwicklungsländern wie Venezuela oder einigen afrikanischen Staaten liegt die Inflationsrate im dreistelligen Bereich oder zumindest bei 20 – 60 %. Diesen Ländern geht es also wirklich wirtschaftlich schlecht, was sich auch an der Entwicklung der Währung bemerkbar macht. Du siehst also: Geldentwertung und Kaufkraftverlust hin oder her – wir jammern alle auf einem mehr als hohen Niveau!

Zurück zum Ursprung der Bedeutung des Geldes. Welche Möglichkeiten hast Du rund um das Thema des Zahlungsmittels, das wir alle längst kennen?

Spare das Geld – so darfst Du Dir manchen Wunsch in der Zukunft erfüllen.

Möchtest Du Dir bestimmte Konsumgüter leisten, die Dir das Leben erleichtern und die Lebensqualität erheblich verbessern? Gebe Dein Geld aus – so macht das Leben Spaß.

Du willst Dir unbedingt bestimmte Träume erfüllen und besitzt dafür nicht die notwendigen Reserven? Natürlich ist es längst gängige Methode, sich für bestimmte Güter wie Autos, Immobilien oder weitere teure Anschaffungen Geld zu borgen. Allerdings prüft in der Regel eine gute Bank im Vorfeld, welcher Kunde als kreditwürdig gilt.

Vorsicht!

Überschuldung ist ein Thema der heutigen schnelllebigen Zeit, in der wir oft im Konsumrausch enden. Genau aus diesem Grunde widme ich in diesem Buch ein extra Kapitel dem Thema „Raus aus der Schuldenfalle!"

<u>Resümee dieses Kapitels:</u>

Sicher hast Du die Wirkung des Geldes als Zahlungsmittel und Medium, bestimmte Dinge zu tauschen, gut verstanden. Es ist wichtig, Geld als Reserve auf der hohen Kante zu wissen aber nicht als Geizhals zu enden.

Warum hat sich die Gesellschaft meist dahingehend verändert, dass wir tendenziell mehr Geld ausgeben als wir besitzen? Der Rausch der Kreditkarten, die Einfachheit, einen Kredit zu erhalten und die Medien, die uns propagieren, mit dem, was wir alles haben möchten ist ein Einflussfaktor dafür. Genau aus diesem Grunde ist es wichtig, dass Du in jedem Kapitel dieses Buches Deinen Mehrwert findest.

Warum „Geld sparen"?

Du hast jetzt schon sehr viel in Sachen Geld sparen und Sinnhaftigkeit des uns allen bekannten Zahlungsmittels verstanden. Was ist Dir wichtig im Leben? Zuerst einmal solltest Du Dir darüber intensive Gedanken machen, was der Nutzen für Dich vom Sparen ist. Welche Ziele willst Du erreichen und was ist der Sinn für Dich, etwas Geld beiseite zu legen?

Ich liefere Dir in diesem Kapitel wichtige Informationen darüber, welche Träume Du Dir mit dem Sparen erfüllen kannst. Was spricht Dich dabei ganz besonders an?

Sparen macht Freude, wenn Du Dir zum Beispiel eine besondere Reise gönnen willst. Lohnt es sich nicht, für einen Australien-Trip oder andere Aktivitäten auf fernen Kontinenten schon jetzt eine monatliche Summe beiseite zu legen?

Du möchtest Dir ein Eigenheim und eine inflationsgeschützte Sachwertanlage leisten? Das Thema Inflation und die Nullzinspolitik ist in aller Munde. Genau aus diesem Grunde bauen immer mehr Anleger auf Sachwerte, die ein hohes Maß an Substanz besitzen.

Steht Dir der Sinn danach, niemals in die Schuldenfalle zu geraten? Genau, auch für diesen Zweck lohnt es sich, Reserven zu bilden. Wer weiß schon, was im Leben noch alles auf uns Menschen zukommen wird? Gebildete Rücklagen sind das A und O, damit Du für unvorhergesehene Kosten das nötige Polster besitzt. Wie heißt es so schön? Wer nicht spart, kann mit unerwarteten Ausgaben über unverschuldete Vorkomm-nisse in eine missliche Lage geraten.

Ein Traum von vielen jungen Menschen besteht darin, Führerschein und Auto zu besitzen. Genau aus diesem Grunde ist das monatliche Sparen von Eltern, Großeltern oder den Paten ein großer Gewinn für das Kind. Willst auch Du dem Nachwuchs eine mehr als solide Basis schenken, damit er finanziell gut über die Runden der Zukunft kommen wird?

Wer spart wird siegen! Wenn Du mit 40 oder 50 Jahren etwas Reserven gebildet hast, kannst Du Dir einen besonderen Kleinwagen gönnen oder andere Lebensziele wie den Pool im eigenen Garten besser erreichen, als ohne Ersparnisse. Das Leben kostet Geld – genieße das Leben, indem Du Rücklagen für den ganz besonderen Moment in Deiner Zukunft bildest. Wusstest Du, dass Du beim monatlichen Sparen immer wieder (je nach Vertrag) die Sparrate verändern oder den Ratensparvertrag sogar ganz löschen lassen kannst? Wer auf Investmentfonds und Co regelmäßig anspart, bewahrt sich selbst die absolute Flexibilität. Somit verbaut sich kein Mensch die Zukunft, wenn er sich eigene Rücklagen selbst aufbaut.

An diesen Beispielen erkennst Du: Monatliches Sparen kann jeder von uns lernen. Bereits den Kindern wird mit ihrem Taschengeld beigebracht, den ein oder anderen Notgroschen in das Sparschwein zu stecken. So kann sich schon jeder sehr junge

Mensch mit einem hohen Maß an Stolz einen neuen Fahrradhelm oder sonstige kleine Freuden im Leben gönnen. Zahlreiche wissenschaftliche Studien haben es mehrfach belegt: Wer in jungen Jahren auch nur 5 oder 10 Euro im Monat beiseitelegt, kann sich selbst ein kleines Vermögen anhäufen in seiner beruflichen Zukunft. Wer früh anfängt zu sparen, wird auch in späteren Jahren 100 oder 200 Euro pro Monat auf den flexiblen Sparvertrag beiseite sparen. Bausparvertrag oder Immobilie? Du wirst selbst die Möglichkeit finden, die für Dich zur optimalen Geldanlage geeignet ist.

Tipp:

Sparen will von Kindesbeinen an gelernt sein.

Genau aus diesem Grunde sollten alle Erziehungsberechtigten schon ihren minderjährigen Kindern beibringen, nicht jeden Euro vom Taschengeld sofort auszugeben. Bereits Teenager sind stolz auf sich, wenn sie für die erste eigene Wohnung nicht nur auf die Hilfe der Eltern oder anderen Angehörigen angewiesen sind. Wer möchte schon immer auf Pump leben und von anderen Menschen abhängig sein? Finanzielle Unabhängigkeit und Flexibilität sollte schon jeder Jüngling erkennen, damit er sein eigenes Leben auf einem sicheren Fundament aufbaut. Wie denkst Du persönlich über diesen wichtigen Aspekt?

Was in jungen Jahren gelernt wird, sollte auch keiner von uns im Alter vergessen. Wir wissen einfach nicht, was das soziale Netz in der Zukunft an unseren entstehenden Kosten wirklich tragen wird.

Gerade Menschen im besten Alter sparen schon jetzt für gesundheitlich beste Versorgung, die ein befreites Leben ermöglicht. Wer möchte schon im Alter in der Altersarmut enden? Genau aus diesem Grunde sorgen sehr viele Menschen für eine schönes Leben im Alter vor. Das ist auch das beste Fundament für ein gelungenes Leben. Schließlich haben wir im Alter vor allem eines: Zeit!

Willst auch Du Deine Zeit in der Rente perfekt für den Genuss nutzen? Das Leben kostet Geld! Wenn Du ab 60 die große Reise planst oder Reserven für besondere Wellness-Angebote nutzen willst, sind diese Träume nur zu erfüllen, wenn Du rechtzeitig die nötigen Reserven bildest.

Du siehst: Es gibt zahlreiche Gründe, die ich hier sicher nicht alle im Detail aufführen kann, die fürs Sparen sprechen. Das monatliche Sparen ist hierbei eine gängige Methode, die den meisten Menschen nicht wehtut. Bereits kleine Summen ab 25 Euro können beiseitegelegt werden, ohne dass Du diesen Kleinbetrag auf Deinem Girokonto überhaupt merkst. Klingt das nicht lukrativ für eine wunderbare Zukunft?

Du siehst: Wer spart, wird siegen. Natürlich darfst auch Du so sparen, wie es Dir in Deinen Alltag passt. Allerdings ist es meist am Ende des Monats ausgegeben – das liebe Geld! Genau deshalb ist nach Eingang des Gehaltes ein Sparvertrag sinnvoll, damit auch Du Deine Ziele in Zukunft erreichen kannst.

Die meisten Sparverträge können übrigens sogar immer flexibel aufgelöst werden. Was spricht also dagegen, wenn Du jetzt schon mit einer kleinen Summe auf dem Vertrag, der zu Dir passt, mit dem Sparen beginnst?

Mindset und Glaubenssätze

Wenn Du das Thema Geld und Vermögen einmal näher betrachtest, gibt es kein Richtig oder Falsch. Die alte Börsen-Weisheit „Gier frisst Hirn" hast auch Du vermutlich schon mehr als einmal gehört. Wer also nur noch dem Geld hinterherhetzt und aus Gier die wahren Werte im Leben vergisst, wird sein Leben nicht verbessern, ganz im Gegenteil.

Macht und Geld machen süchtig. Schnell geraten viele Stars in ihrem Ruhm und ihrem Geld in eine Abhängigkeit, nahezu ganz ohne Grenzen. Was sie dabei vergessen: Ziel ist es doch, das Leben als gesamtes Werk zu meistern. Warum sonst sollten nicht nur seelische Probleme wie Depressionen oder Alkoholabhängigkeiten bei Stars wie Michael Jackson oder Whitney Houston entstanden sein?

Es gibt Stars mit Millionenwerten im Rückhalt, die als hochverschuldete, belächelte Lebenskünstler fast in der Gosse landeten. Spielsucht oder die Gier nach Macht und Besitz kann vielen Menschen auch heute zum Verhängnis werden. Wer also mit dem 500 Euro Schein die Zigarre anzündet, wird früher oder später vielleicht für diese Verschwendung bitter bestraft.

Ist nicht der goldene Mittelweg die Lösung vieler Probleme? Ja – in meinen Augen sehr wohl! Denn wer zu viel Geld hat, wird nur noch damit beschäftigt sein, sein Geld zu vermehren oder seinen Reichtum zu verwalten. Geht hier nicht viel Zeit für die wirklich schönen Dinge im Leben verloren? Ich denke, dass großmütige Millionäre so manche Nervenstrapaze bezüglich ihres Geldes auf sich nehmen müssen. Wäre es nicht besser, in der Sonne zu sitzen und sich am Augenblick zu erfreuen?

Andererseits solltest Du wissen:

„Wenn man das Geld richtig behandelt, ist es wie ein folgsamer Hund, der einem nachläuft"

Diese Weisheit von Howard Robard Hughes, einem amerikanischen Industriellen (1905 – 1976) besagt, dass es schon einen Rückhalt bietet, das Geld mit Zinsen oder Dividenden für sich arbeiten zu lassen. Wer clever spart, wird siegen. Wie hart musst Du nur arbeiten, damit Du Dir kleine Freuden im Alltag wie das besondere Fahrrad leisten kannst? Wenn das Vermögen an Zins oder Mietertrag so viel abwirft, dass Du Dir Luxusgüter einfach gönnen darfst, bedeutet dies Sicherheit und Freiheit für viele von uns Menschen. Wenn Du Dich zurücklehnen kannst, wenn Dein Auto kaputtgeht und die Versicherung den Schaden doch nicht bezahlt, kann diese Freiheit pures Gold wert sein.

Wie solltest Du Geld clever anlegen? Hier zählt die Tatsache: Setze niemals alles auf eine einzige Karte. Vermögensoptimierung sagt, dass Du von jeder Anlageklasse ein kleines Stück vom Kuchen auswählen solltest. Wie heißt es so schön? Wer unter Sachwerten, Sparguthaben oder anderen Vermögenswerten gut streut, rutscht auch auf lange Sicht hinweg betrachtet nicht aus. Klingt das nicht gut?

Bedenke jedoch:

Trägst Du tief in Dir wirklich die richtige Einstellung zum Thema Geld? Keine Frage – reine Geizhälse benötigt unsere Gesellschaft nicht. Wer Geld besitzt, sollte viele wichtige Dinge verrichten. Reiche Menschen spenden gerne – das ist die richtige Devise in Sachen Lebensqualität und ein gutes Gefühl für alle!

„Geldliebe ist die Mutterstadt aller Übel"

Kennst Du dieses Zitat von Diogenes von Sinope? Daran siehst Du: Wer nur Geld hortet und sich Tag und nach um die Vermögensanlage und die Vermehrung des Reichtums bemüht, wird seelisch tief in seinem Herzen verarmen. Warum sollten wir vom Geiz zerfressen den Alltag bewältigen? Das ist kein Gewinn für Dein Leben und Dein Wohlbefinden, ganz im Gegenteil. Nicht selten sind viele sehr reiche Menschen nicht in der Lage, ihr Leben zu genießen. Welche Werte trägst Du in Dir?

Man hört es immer wieder: Gesundheit und Glück sind die wichtigsten Güter für ein erfülltes Leben. Eine positive Einstellung zum Leben ist ohnehin das A und O, damit Du zufrieden und glücklich alt werden kannst. Wofür sparen, um sich die wichtigsten Werte wie Dankbarkeit, Glück, Zufriedenheit, Demut, Gesundheit, Achtung und Respekt doch nicht kaufen zu können?

Du solltest also wissen: Geld (allein) macht keinesfalls glücklich. Mit Geld kannst Du Dir unter Umständen viele Dinge leisten, die Du Dir ohne Vermögen verwehren müsstest. Doch – vergesse niemals: Geld ist zum Ausgeben da! Geld ist ein Zahlungsmittel, das uns ermöglicht, zahlreiche gute Dinge für uns selbst und für andere Lebewesen verrichten zu dürfen. Genau als solches Mittel des „Tausches" von Waren und sinnvollen Dienstleistungen gegen Geld, solltest Du also den Faktor Geld auch betrachten.

„Geld spricht alle Sprachen"

Dieses allgemein gehaltene Sprichwort ist eine Weisheit, die wir global in allen Ländern erleben. Geld ist dafür da, anderen Menschen zu helfen, die selbst unverschuldet keinen Besitz aufweisen. Geld hilft auch Dir, ein besseres Leben zu führen als ohne Geld. Meistens zumindest ist dies der Fall.

Deshalb solltest Du Dir, wenn Du Besitz und Reichtum erlebst, immer denken: Ich spende und bin dankbar für meine Kraft und meine Werte, die mir ein erfülltes Leben schenken. Warum sollten wir nicht mit unserem Geld anderen Staaten eine Entwicklungshilfe schenken, nicht nur nach Katastrophen oder Unglücksmomenten?

Außerdem ist es kein Geheimnis, dass Geld die Welt regiert. Wir verstehen die Sprache von Reichtum von Australien, USA bis über Afrika und Europa. Geld ist Macht! Geld ist Besitz. Mit Geld dürfen wir auf jedem Kontinent unseres Lebens so leben, dass wir ein möglichst zufriedenes und erfülltes Leben führen werden. Wie denkst Du darüber?

„Spare in der Zeit, dann hast Du in der Not!"

Diesen Glaubenssatz kennst Du vielleicht schon aus Großmutters

Zeiten, in denen es noch angesagt war, für die nötigen Reserven mit guten Rücklagen zu sorgen. Was damals richtig war, kann heute nicht falsch sein. Viele Fachleute und Experten rund um das Thema Finanzen sagen es immer wieder: Eine eiserne Reserve oder der Notgroschen im Leben sollte ca. 3 Einkommen aufweisen. Wenn Du also rund 2.000 Euro Einkommen netto beziehst im Monat, spricht vieles dafür, mindestens 5.000 Euro oder mehr auf der hohen Kante zu wissen. Warum ist es wichtig, in der guten Zeit diese Reserven zu bilden? Schnell gehen Autos kaputt oder Du musst unverhofft umziehen. All diese Faktoren kosten eines: Geld! Um dieses Geld beiseite zu legen, ist das Sparen also mehr als sinnvoll. Wer weiß, vielleicht willst Du unverhofft die Chance ergreifen, mit einem Freund zu verreisen oder ein Wochenende im Wellness-Hotel Deiner Wahl zu buchen? Dann wäre es doch mehr als blöd, DIR mangels Reserve diesen Wunsch zu verwehren.

Übrigens: Die eiserne Reserve oder der Notgroschen ist keinesfalls für die langfristige Vermögensanlage gedacht. Diese sinnvolle Option bietet Dir lediglich für unvorhergesehene Faktoren im Leben Rückhalt! Das Geld als Notgroschen sollte also täglich verfügbar angelegt werden.

Wer tatsächlich Geld hat, sollte sich um den Notgroschen zuerst kümmern, um dann die langfristig orientierte Vermögensanlage zu überdenken. Sachwerte sind hierbei schon längst eine gute Möglichkeit, um der Nullzinspolitik in Europa zu entkommen. Mit Immobilien, Aktien, Gold und Co kannst Du Dein Geld gegen

Inflation schützen und besitzt einen soliden Wert, der nicht von der Geldentwertung in Abhängigkeit zu betrachten ist. Was willst Du mehr?

„Mit Geld kann man kein Glück kaufen, aber eine Yacht, mit der man ins Glück segeln kann"

Weißt Du, wer dieses Zitat nicht vor allzu langer Zeit geäußert hat? Es war Jonny Depp, der Schauspieler, der es sicher wissen muss, dass Glück und Geld doch irgendwie zusammengehören.

Über diese Weisheit solltest Du einmal intensiv nachdenken, vor allem wenn Du Dir selbst ein glückliches Leben schenken willst. Natürlich sind nicht alle Werte rein aus dem Reichtum heraus finanzierbar. Dennoch ist so mancher Lebenstraum nur mit einem zu erfüllen: mit Geld! Wer um die Welt segeln kann, wird durch die Sonnenstrahlen des Lebens pures Glück empfinden. Reisen bildet – deshalb ist für viele Menschen die Devise: Ich reise, um mein Leben zu bereichern. Wer möchte nicht neue Kulturen in jedem Lebensalter kennenlernen? Natürlich kostet die reine Wanderung auf einen hohen Berggipfel kein Geld. Wer jedoch mit Bergführung und bestem Training seinen Traum-Gipfel oder den Kilimandscharo und damit Afrika von einer ganz neuen Seite betrachten will, benötigt die Mittel, sich diesen besonderen Moment zu gönnen. Also: Sorge für die nötigen Geldreserven in Deinem Leben und Du wirst Dir auf Dauer Träume erfüllen können. Das ist die beste Basis für ein erfülltes Leben der einzigartigen Erlebnisse – ist das nicht ein wunderbares Ziel, für das es sich zu sparen lohnt?

Du erkennst an diesen wenigen Sprüchen, Zitaten und Glaubenssätzen: Geld allein macht nicht glücklich. Viele Dinge, die Du für Dein Glück benötigst, kannst Du allerdings mit Geld kaufen. Willst Du andere Menschen an Deinem Glück teilhaben lassen und ihnen von Deinem Reichtum abgeben? Dies ist ein sinnvoller Weg, ein gutes Gefühl in sich zu tragen und armen Menschen wirklich zu helfen.

Es zählt wie immer im Leben: Das Glück liegt in der goldenen Mitte.

Resümee dieses Kapitels:

Sicher ist es auch Dir klar: Geld kann süchtig machen oder die Gier nach Geld und Macht wird uns früher oder später durch andere tragische Vorkommnisse treffen. Werte wie Liebe oder Gesundheit kannst Du mit keinem Geld der Welt kaufen. Allerdings ermöglichen Dir die nötigen Reserven, dass Du mit Deinem Geld Dein Leben immer ein klein wenig verbessern kannst. Gerade kranke Menschen, die sich gesundheitlich bestmöglich versorgt wissen möchten, können mit Geld eben doch ihrem Leben einen Mehrwert schenken. Es ist in Sachen Geld wie mit allem im Leben: Allzu viel davon macht krank.

Beim Vermögen ist es, wie in Sachen Ernährung: Die richtige Mischung aus Obst, Gemüse oder Vollkornprodukten ermöglicht es uns, auf Dauer keine Mangelerscheinungen zu erleben. Wer ab und an ein Stück Fleisch genießt, wird seine Gesundheit sicher nicht aufs Spiel setzen. Reine Veganer leben gesund und ausgewogen, wenn sie mit Sinn und Verstand und aus tiefer Überzeugung heraus auf tierische Produkte verzichten.

Wer ab und an ein Stück Schokolade genießt, wird nicht gleich süchtig nach Zucker. Ebenso ist ein Glas Wein am Abend durchaus ein Genuss, den Du Dir mit Geld leisten darfst. Allerdings ist die ganze Torte oder die komplette Familienpackung Eiscreme genauso ungesund wie die täglich konsumierte Flasche Wein. Allzu viel ist ungesund. Ebenso ist diese Angelegenheit beim Thema Finanzen und Geld zu betrachten. Zu viel Reichtum und Gier macht uns kaputt. Gerade, wer auf illegale Art und Weise Geld gewinnen will, um sein Geltungsbedürfnis nachhaltig zu befriedigen, wird früher oder später bestraft im Leben.

Geld ist ein wunderschönes Medium, um sich selbst oder anderen das Leben zu bereichern. Sparen macht Sinn – im richtigen Maße! Behalte Dich dabei selbst im Auge, was für Dich der goldene Weg ist, um sinnvolles Vermögen aufzubauen und sich dennoch die ein oder andere Freude im Alltag zu gönnen. Klingt dies nicht nach einem ausgewogenen, glücklichen Leben?

Tipp:

Versuche Dir ein Sparziel zu setzen und somit die effiziente Lösung für mangelnde Motivation zu schaffen. Schreibe Dir eine Wunschliste und setze ein finanzielles Ziel. Dadurch kannst Du auf ein Ziel hinarbeiten, bevor Du es umsetzt.

Sparen im Alltag

Nun hast Du sicher schon sehr viel über den Sinn und Charakter von Geld verstanden. Sparen ist also mehr, viel mehr, als ein notwendiges Übel. Wer spart und dabei fast keine Einbußen in Sachen Lebensqualität auf sich nehmen muss, hat in seinem Alltag schon sehr viel gewonnen. Ohne Dir jetzt schon zu viel in diesem Kapitel zu verraten: Wenn Du bestimmte Anbieter bei den Themen Strom oder Internet vergleichst, musst Du keinesfalls an Qualität Abstriche in Kauf nehmen, um die gleiche Leistung zu genießen. Wer also gut vergleicht und sich das Internet selbst zunutze macht, kann hierbei im Alltag sehr einfach sparen. Wie heißt es so schön? Vergleich macht reich! Ob Du einen großen Reichtum erzielen wirst, wenn Du ein paar Dienstleister miteinander vergleichst, ist natürlich fraglich.

Doch – wie heißt es so schön? Kleinvieh macht auch Mist! Du musst sicher keinen großen Vermögenswert aufweisen können, damit Du reich wirst. Wer im Supermarkt Preise und Angebote nutzt, hat im Leben schon sehr viel gewonnen.

Sparen im Alltag kannst Du durch Tarifänderungen bei der Versicherung ebenso, wie durch die Tatsache, dass Du Deine Einnahmen und Ausgaben in einem Haushaltsbuch genau deklarierst.

In folgender Übersicht stelle ich Dir genau vor, wie Du günstige Angebote nutzen wirst – und das ganz automatisch. Bei diesen

Beispielen, die Dir zeigen, wie leicht es ist, im Alltag Geld zu sparen, siehst Du: Es bedarf etwas Zeit und Übung, damit Du monatlich Geld sparen kannst. Dieses Geld darfst Du in einem Investmentsparplan im Gegenzug anlegen, der Dir ermöglicht, Dir bald schon große und kleine Träume zu erfüllen. Klingt das nicht verlockend?

Hier eine Übersicht für einfache Angelegenheiten im Alltag, die Dir beim Sparen erheblich weiterhelfen werden:

Schalte das Licht aus, wenn Du es nicht benötigst und stelle alle Deine Technik auf einen Energie-Spar-Modus um. Das hilft Dir dann, wenn Du Technik nicht brauchst, Strom und Energie zu sparen.

Nicht nur Energie will gespart werden, sondern auch Wasser. Der Verbrauch ist je nach Haushalt unterschiedlich. Teuer wird es jedoch nur, wenn man den Warmwasserverbrauch nicht berücksichtigt. Deswegen solltest Du versuchen auch in diesem Fall zu sparen. Warmwassereinsparungen sind durch Disziplin und Modifikationen möglich. Kaufe Duschköpfe und Wasserhahnaufsätze, die eine Ersparnis bringen. Schalte beim Duschen das Wasser gelegentlich ab, wenn Du es nicht gebrauchen kannst. Wasser sparen kannst Du allerdings auch mit entsprechenden Verbrauchsgeräte, wie der Waschmaschine und dem Geschirrspüler. Beide Gerätschaften haben oftmals eine Mengenautomatik, die nur so viel Wasser zulässt wie benötigt wird.

Heizkosten sind ein großer Kostenfaktor, egal, ob Du in einem

Eigenheim oder in der Mietwohnung lebst. Hier gilt es, den Nachtsparmodus zu wählen und die Heizung stets abzuschalten, wenn Du diese nicht mehr benötigst. Lüfte gut durch und schließe anschließend die Fenster, bevor Du die Heizung andrehst. Heizen bei offenem Fenster hingegen ist Gift für jeden Kontostand.

Wie ist das Haus isoliert und mit welchen Fenstern ist Deine Wohnung ausgestattet? Gute Isolation rund um das eigene Heim sorgt für erhebliche Potentiale in Sachen sparen beim Wohnen. Wusstest Du, dass sich gute Isolation nicht nur in den kalten Wintermonaten bemerkbar macht? Wer auf gute Energiespar-Häuser beim Bau oder dem Erwerb vom Eigenheim achtet, wird auf Dauer Geld einsparen können.

Fahre nicht jeden Kilometer einer kleinen Wegstrecke mit dem Auto. Nicht umsonst ist unser Auto eine der größten Quellen der Geldfresser, die wir in vielen Industriestaaten kennen. Radfahren ist nicht nur gesund und fördert die Fitness, sondern hilft Dir auch, Parkgebühren und Benzinkosten zu sparen.

Im Alltag brauchen wir manchmal zu viele Energiekosten, allem voran Wasser. Wasser ist hierbei ein Schatz und Gut aus der Natur, dass wir nicht unerschöpflich verschwenden müssen. Warum musst Du Sommer wie Winter wirklich jeden Tag (manchmal zweimal) unter der Dusche stehen? Das ist nicht notwendig. Außerdem stehen manche Menschen aus purer Langeweile fast 20 Minuten unter der Dusche. Das ist Wasserverschwendung pur.

Wie hoch ist Dein Verbrauch an Energiekosten im Allgemeinen?

Hier können viele Menschen sinnvolle Sparmaßnahmen ergreifen. Stelle Deine Leuchtmittel um auf Energiesparlampen. Diese Umstellung kostet zwar einmalig Geld, zahlt sich jedoch langfristig betrachtet mehr als aus. Klingt das nicht vielversprechend?

Sparen kannst Du am Kleiderkonsum genauso, wie in der Tatsache, alte Utensilien zu verkaufen. Portale zum Verkauf gebrauchter Waren bieten sich nicht nur im Internet an. Ebay oder Kleiderkreisel lassen grüßen. Was spricht dagegen, auf einem traditionellen Flohmarkt alten Krempel zu verkaufen, den Du nun wirklich nicht mehr benötigst? Dazu kommt die Tatsache: ausmisten befreit! Im Sinne der Nachhaltigkeit müssen wir Menschen wirklich nicht alle Waren brandneu kaufen. Deshalb zählt die Devise: Back to the roots – es lebe der gute, alte Flohmarkt. Das hilft Käufern und Verkäufern, Geld zu sparen.

Hast Du Dir schon einmal überlegt, genau zu überdenken, welche Versicherungen Du bezahlst und welche davon Du wirklich nicht mehr brauchst? Manchmal sind wir Menschen einfach Gewohnheitstiere. Wir raffen uns kaum dazu auf, dass wir Verträge kündigen, die sinnlos sind. Sehe Dir genau Deine Kontoauszüge durch und kündige alle Verträge, die Du bezahlst und nicht mehr benötigst. Deinen Versicher-ungs-Check kannst Du selbst durchführen und nicht mit Hilfe eines Versicherungs-Verkäufers, der vom Vertrieb seiner Produkte lebt. Internetportale helfen dir beim Vergleichen.

Geschenke kaufen macht Freude und erfreut in weiten Teilen das

Herz von demjenigen, den wir beschenken. Doch – müssen wirklich alle Geschenke teuer bezahlt werden? In meinen Augen ist ein selbst gebackener Kuchen nicht nur preiswert, sondern auch ein sehr persönliches Geschenk!

Viele technische Geräte kannst Du auf Standby schalten. Dazu gehören TV, Desktop oder in großen Firmen Drucker und Co. Das schont nicht nur die Geldbörse der Verbraucher, sondern auch manche Nerven, wenn Technik hierbei unter Umständen effektiver genutzt werden kann. Wann hast Du den letzten Rundumschlag in Sachen Kostenersparnis bei Kühlschrank und Co in Deinem Haushalt durchgeführt? Strom ist teuer – achte darauf, niemals zu hohen Stromverbrauch an den Tag zu legen. Nicht nur bei großen Firmen lohnt sich der Stromspar-Modus! Um hier auch wirklich eine gute Ersparnis zu ermöglichen, kannst Du TV und andere Geräte in sogenannte Verteilersteckdosen mit On-Off-Schalter stecken. Damit auch hier der Standby-Modus nicht unnütze Strom frisst, kann ein Gerät durch den On-Off-Schalter vollständig von der Stromversorgung genommen werden. Beim Erwerb neuer technischer Geräte solltest Du natürlich immer auf die besten Energieeffizienzklassen setzen.

Du hast einen Gärtner beauftragt oder benötigst immer wieder Handwerker für Auto oder Dein eigenes Heim? Manchmal ist es preiswerter, sich durch Freunde und Bekannte helfen zu lassen. Autoreifen kann mittlerweile fast jede Frau selbst wechseln. Danach einfach den Reifendruck in der Tankstelle überprüten und schon hast Du Dir den Handwerker mit seinen hohen Kosten gespart. So gibt es viele kleine Tätigkeiten, die Du mit etwas gutem Willen selbst erlernen kannst.

Und ich habe hier noch einen Spartipp für Dich.

Wir waren gerade bei der Gartenarbeit. Hast Du hier schon einmal genauer Deine Gartengeräte betrachtet? Ist es nicht manchmal sinnvoller Geräte zu verwenden die mit Benzin funktionieren, als mit Strom? Nicht unbedingt, in vielen Fällen kann man auf Geräte setzen, die noch mit Muskelkraft betrieben werden. Statt der Kehrmaschine kann man auch einfach den Besen schwingen. Statt des Rasenmähers mit Strom und Benzin, nutzt man den handbetriebenen Spindelmäher.

Internet und Telefon sind weitere Kostenfaktoren, die den Alltag bestimmen. Ohne Internet, Mobilfunk und Telefon sind wir natürlich aufgeschmissen. Doch auch in diesen Aspekten kann man eine ganze Menge bewirken. Achte immer darauf welche Leistungen Dein Mobilfunkanbieter liefert. Mit einem Vergleich kann man schnell den Sparfaktor erkennen. Ich rate Dir allerdings nicht dazu immer nur das günstigste Angebot zu nutzen. Vergleiche bitte Leistungen und Preis. Oftmals scheint ein Angebot mit mehr Leistungen günstiger.

TV-Kosten senken ist ebenfalls ein guter Tipp, um einfach die allgemeinen Fixkosten zu senken. Dazu kann man verschiedene Möglichkeiten nutzen. Sparen lässt sich, sofern es möglich ist, am Kabelanschluss. Nicht nur der Vergleich der Kabelanbieter kann helfen, sondern auch die Anschaffung einer Satellitenschüssel kann weiterhelfen. Natürlich ist die Anschaffung erst einmal mit Kosten verbunden, doch diese werden sich schnell rentieren, wenn Du auf die monatlichen Kosten für einen Kabelanschluss verzichten kannst. Hinzu kommen die Kosten für die HD-Karte, die bei einer Satellitenschüssel mit erworben werden muss. Diese Kosten sind jährlich zu entrichten. Der Kabelanbieter stellt die Sender zur Verfügung und bucht jeden Monat mit seinen Kosten diese HD-Beträge mit ab. Aber auch hier kann man sparen. Wer seine HD-Karte online jedes Jahr auflädt kann kosten sparen und tut noch etwas für die Umwelt.

Checke die Kosten für Deine Bankgebühren und vergleiche bei allen Anbietern des täglichen Lebens. Egal, ob Du den Check bei Versicherungen, bei den Kosten rund ums Girokonto oder bei den Preisvergleichen in der Tankstelle durchführst: Jeder Vergleich ermöglicht es Dir, erhebliche Kosten einzusparen. Dabei ist es fast vollkommen egal, welches Benzin Du in Deinen Tank füllst oder bei welcher Bank Du Dein Konto unterhältst. Wer unter seriösen Anbietern denjenigen auswählt, der zu seinen Bedürfnissen passt, wird auf Dauer viel Geld einsparen können.

Nutze Angebote wie Kulturtage mit ermäßigtem Museums-Eintritt oder den Kinotag für neue Erlebnisse bei Filmen. Nicht nur an diesen Bereichen kann man sparen. Viele Städte bieten Schülertickets an oder ermöglichen Schülern und Studenten einen ermäßigten Eintritt. Du siehst: Wer gut informiert ist, wird beim

Thema Geld sparen auf Dauer siegen!

Diese Spartipps für den Alltag sind nicht nur goldrichtig für wahre Sparfüchse. Da viele Anbieter immer wieder ihre Tarife verändern oder mit speziellen Angeboten so manchen Käufer manchmal mehr als verwirren, solltest Du Dich, so oft wie möglich, darüber informieren, welche Möglichkeiten es aktuell zum Geld sparen gibt.

Zugegeben: Das kostet etwas Zeit und Energie – manchmal ist es mühsam, alle Möglichkeiten rund um WLAN-Angebote und Co vollumfänglich zu verstehen. Dennoch rate ich Dir: Wenn Du im Alltag niemals zu viel Geld für die gleiche Leistung des täglichen Lebens ausgeben willst, lohnt es sich, bei Strom, Energie und sonstigen Kosten zu vergleichen. Wer vergleicht wird siegen. Clevere Sparfüchse sind informiert, wer günstige Angebote bei den Kosten des Alltags deklariert.

Tipp:

Oft gibt es einen Neukunden-Bonus für Kunden, den Du in einer Einmalzahlung erhalten kannst. Wer sich diese einzigartige Honorierung nicht entgehen lassen möchte, kann schon jetzt mit dem Vergleich diverser Anbieter im Internet beginnen. Wetten, dass genau das zu einem Erfolgserlebnis im Alltag für Dich führt, wenn Du dabei das ein oder andere Schnäppchen machen wirst? Willkommensgeschenke in Form von Geldbeträgen stellen immer wieder für Schnäppchenjäger eine kleine Bereicherung dar. Manche Menschen gehen sogar so weit damit, „Geschenke-Hopping" zu betreiben. Sie nutzen bei neuen Depotkontos und Co immer wieder den Willkommen-Bonus, um nach einer Mindesthaltedauer zum nächsten Anbieter zu wechseln, der ihnen auch einen Geldbetrag zum Start gewährt. Zugegeben: Diese Angelegenheit kostet manchmal Nerven und Zeit – doch immerhin spart sie Geld und hilft dabei, die Urlaubskasse aufzubessern.

Sparen beim Einkaufen

Gehörst auch Du zu den Menschen, die beim Einkaufen immer wieder Aktionen und Angebote nutzen? Hierbei solltest Du zwingend Vorsicht walten lassen – denn: Manchmal werden die Preise vor der Ermäßigung systematisch erhöht, um im Anschluss mit genialen Rabatten werben zu können. Angebote an Aktionstagen wie Black-Friday oder dem Schnäppchen-Montag in bestimmten Städten finden in allen Regionen in ganz Europa statt. Blindlings einzukaufen, ohne im Vorfeld die Angebote im Netz zu vergleichen, ist hierbei nicht immer von Erfolg gekrönt. Hier gilt: Wer gut vergleicht, wird auf Dauer siegen! Cleverness siegt – lass Dich bitte nicht sofort von jeder Aktion überrumpeln.

Womit kannst Du noch im täglichen Leben bei diversen Einkäufen Geld sparen? Es gibt immer wieder bestimmte Aktionswochen von speziellen Lebensmitteln und Waren einzelner Länder, die Du nutzen kannst. Hier ein paar Beispiele, die fast alle Discounter mittlerweile in regelmäßigen Abständen durchführen:

Die USA-Wochen bei diversen Supermärkten ermöglichen Dir, gutes Food aus den USA wie Pancake-Masse, Erdnussbutter, Popcorn mit Chili und Pfeffer oder spezielle USA-Saucen oder Artikel aus den Staaten einzukaufen, die es sonst kaum zu finden gibt. Dazu gehören nicht nur Bagels oder leckere Muffins mit Knusperflakes, die speziell aus den USA stammen, sondern auch Pflegeprodukte der speziellen Art. Alle diese Aktionen sind deutlich preiswerter, als sich diese Artikel der auf das Land zugeschnittenen Produkte direkt im Internet zu bestellen. Die gleichen Aktionswochen findest Du bei Asia- oder Afrika-Artikeln. Was ist hierbei ein guter Rat? Information ist das halbe Leben. Achte dabei auf alle Angebote, die Dich interessieren.

Du willst bei Reisen Geld einsparen? Wer Last-Minute bucht, kann oft freie Flugplätze oder Bustickets nutzen. Hier ist es jedem flexiblen „Reise-wütigen" erlaubt, nahezu mehr als 100 % Preisermäßigung bei Reisen diverser Art zu generieren. Wer flexibel ist und sich nicht auf ein allein gültiges Reiseziel fokussiert, kann hierbei erhebliche Geldbeträge beim Einkauf in Sachen Reisen einsparen.

Beim Einkaufen kannst Du viel Geld einsparen, wenn Du auf Lebensmittelpreise achtest. Wer Lebensmittel mit nachhaltigem Charakter selbst kocht, wird auf Dauer nicht nur für eine gute Ernährung sorgen, sondern auch Geld sparen. Erdbeeren im Dezember kosten das Doppelte oder mehr als in der Saison im Sommer. Warum solltest Du teure Kartoffeln nach einer schlechten Ernte kaufen, wenn es saisonale, günstigere Produkte in jedem Bio-Markt oder auf dem Wochenmarkt zu erwerben gibt? In Sachen gesundem und preiswertem Essen gilt die Devise: Information rund um die nachhaltige Kost, die günstig ist, bedeutet das halbe Leben.

Kaufe außerhalb der Saison. Wer kennt ihn nicht? Der Sommerschlussverkauf oder andere Aktionen vom Sale am Ende der Saison gelten als Sparmodus schlechthin für Schnäppchenjäger. Ein Wintermantel im März kostet manchmal nur noch die Hälfte, wie wenn Du die gleiche Ware im Oktober kaufst. Gerade zeitlose Mode kann viele Jahre getragen werden. Achte auf gute Qualität. Diese zahlt sich auf lange Sicht einfach aus. Wer mit billigen, schlecht verarbeiteten Waren hingegen meint, dass er Schnäppchenpreise erzielt, bewirkt nicht selten das Gegenteil vom Sparen. Produkte, die nach zweimal tragen und waschen kaputt sind, sind teurer als gute, nachhaltig ausgerichtete Qualität.

Getränke sind ein Einkaufsgut, bei dem man durchaus sparen kann. Ich möchte Dir nun nicht unbedingt ein besonderes Produkt empfehlen. Doch es gibt eine gute Möglichkeit, auch in diesem Fall Geld einzusparen. Mit einem Wasseraufbereiter kann man viel Geld sparen. Das Leitungswasser in Deutschland ist zum Verzehr geeignet. Wird dieses genutzt und mit Kohlensäure versetzt, dann kann man ausreichend Trinkwasser aufbereiten.

Einkaufszettel schrieben ist der typische Trick 17. Scheust auch Du Dich immer wieder einen Einkaufszettel zu formulieren? Es ist einfach nur nervig. Ich rate Dir aber trotzdem dazu. Denn so bekommst Du ein besseres Gefühl was Du benötigst. Zudem solltest Du Spontankäufe damit vermeiden. Kaufe nur das was auf dem Einkaufszettel steht und Du wirst automatisch die sogenannten Spontankäufe vermeiden. Willst Du Dir das Einkaufen erleichtern, dann nutze sprachgesteuerte System, um den Einkaufszettel zu erstellen.

Ich habe noch einen anderen Tipp, mit dem Du beim Einkaufen Geld sparen kannst. Gehe nicht mit leerem Magen einkaufen. Auch das klingt nach einem alten Trick von Oma. Doch hast Du schon einmal bemerkt, dass Du automatisch Heißhunger bekommst, wenn Du mit leeren Magen einkaufen gehst. Der Zahn tropft sozusagen und man greift automatisch zu. Dadurch wird der Einkauf immer teurer. Deswegen vor dem Einkaufen etwas essen und sich entsprechend mit vollem Magen durch die Regale drücken.

Einkaufen ist eine Aufgabe, die sehr viele Menschen ungerne machen. Ich habe Dir bereits erklärt, dass Du im Angebot einkaufen kannst. Nun möchte ich Dir aber noch eine weitere Möglichkeit des Sparens vorstellen. Beim Einkauf solltest Du nicht nur Lebensmittel im Angebot in größeren Mengen einkaufen, sondern Du solltest grundlegend die Mahlzeiten so planen, dass man aus verschiedenen Zutaten mehrere Gerichte planen kann. Als Beispiel möchte ich Dir das Hackfleisch vorschlagen. Wer 1 Kilogramm davon erwirbt, kann zwei Gerichte kochen. Natürlich ist auch das Kochen auf Vorrat sinnvoll. Das spart nicht nur Zeit, sondern auch noch Kosten.

Einkaufen kannst Du nahezu alles, was das Herz begehrt. Es gibt Möglichkeiten, per Kredit das Traumauto zu kaufen oder per Carsharing doch den ein oder anderen Groschen beim Autokauf zu sparen. Carsharing schont nicht nur Deine Geldbörse, sondern hilft auch dabei, die Umwelt zu schonen. Gerade in großen Städten bietet sich diese preiswerte Methode gegenüber dem Autokauf an. Du willst unbedingt ein Auto kaufen und auf die Unabhängigkeit nicht verzichten? Ein Kleinwagen spart Geld – nicht nur bei den entstehenden Erwerbskosten. Denke an den Energieverbrauch in Sachen Benzin und an die hohen Versicherungsprämien bei großen Autos wie SUV oder Limousinen gegenüber Kleinwagen.

Du möchtest Dich ab und an beim Essengehen verwöhnen lassen? Auch hier bieten Restaurants Aktionswochen oder Happy-Hour-Angebote, bei denen Du die gleiche Leistung einkaufen kannst wie zu herkömmlichen, willkürlich gewählten Zeiten. Sparen macht Spaß, wenn die Leistung nicht abnimmt, weil Du zu bestimmten Zeiten Essen gehst oder andere Kultur-Angebote in Anspruch nimmst.

Hast Du Dir schon einmal überlegt, sofort sehr große Mengen bei Angebots-Preisen einzukaufen? Das machen viele Menschen automatisch. Kaufe den 10-er Pack Kaffee, wenn er im Angebot ist. Manchmal gibt es sogar ein Paket gratis, wenn Du große Mengen einkaufst. Bei Waren, die noch lange haltbar sind, lohnt sich dieses Konsumverhalten allemal. Klingt das nicht nach einem guten Plan?

Coupons sind nicht nur in anderen Staaten wie den USA eine beliebte Methode, für wenig Geld gute Leistung in Anspruch zu nehmen. Auch in Deutschland gibt es Coupons oder Punkte-

Sammel-Karten, die Dir beim Sparen helfen. Gerade viele Kundenkarten, die Du bei der Tankstelle oder beim Supermarkt vorlegen kannst, ermöglichen Dir den Erhalt von billigen Waren, die Du ansonsten kaufen müsstest. Wer will schon auf Geschenke verzichten, die viele Sammel-Modelle für Kunden ganz automatisch anbieten?

Kennst Du Apps auf Deinem Smartphone, die automatisch Preise von gleichen Produkten anbieten, die Du online bestellen kannst? Diese Apps kann sich jeder auf sein Mobiltelefon laden. Außerdem können Preisvergleiche, die im Geschäft stattfinden, auch Deine Bereitschaft beim Handeln mit der Geschäftsleitung aktivieren. Hier ist so manche Rabatt-Erzielung vor Ort noch möglich. Du siehst: So macht einkaufen Spaß.

Musst Du wirklich alles, was Du konsumierst, brandneu kaufen? Flohmärkte, Ebay, Tauschbörsen oder preiswerte Portale bieten Dir oft gebrauchte, aber mehr als gute Waren an, die Du hervorragend benutzen kannst. Ob Kinderkleidung, gute Möbel oder gebrauchte Fahrräder: Hier darfst Du sehr schnell den ein oder anderen Euro einsparen.

Du siehst an diesen Beispielen: Auch bei diversen Einkäufen kannst Du mit Deiner gesamten Familie jede Menge Geld sparen. Information ist die halbe Miete, wenn Du finanziell auf einem gesunden Fundament stehen willst. Geiz ist geil? Mit diesem Slogan hat ein großer Technikmarkt längst die Herzen vieler Menschen in ganz Europa erobert. Dabei zählt: Das gute Geld solltest Du vor allem so investieren, dass Du mehr Leistung zum gleichen Preis erhältst. So macht sparen Spaß – denn hier bleibt Deine Lebensqualität und Dein Empfinden für Luxus in keinem Falle auf der Strecke. Ist das nicht ein gutes Erfolgsmodell mit großer Zukunft?

Tipp: Hilfreich kann es sein sich eine bestimmte Summe im Monat für die Einkäufe vom Konto abzuheben. Mit diesem Geld versuchst Du zu wirtschaften und möglichst Kosten nicht über die EC-Karte zu finanzieren. Denn oftmals führen EC-Kartenzahlungen zu einem Problem in der Finanzübersicht.

Resümee in Sachen sparen mit Grips:

Wir kaufen gerne Angebote ein. Sale hat sich längst bei den meisten Menschen durchgesetzt. Allerdings solltest Du Dich keinesfalls von deklarierten Sonderangeboten täuschen lassen: Sie stellen oft ein Fake dar, wenn im Vorfeld die Preise zu hoch ausgewiesen werden. Hier hat der Käufer oft zwar ein gutes Gefühl beim Einkaufen, wird jedoch nicht fair behandelt. Achte bitte darauf, dass Du ebenso niemals unsinnige Waren kaufst, die Du in keinem Falle wirklich brauchst, nur weil sie preiswert und billig erscheinen. Das spart weder Geld, noch liefert es einen positiven Beitrag in Sachen Umweltbewusstsein. Wir kaufen oftmals viel zu viel Unsinn, nur weil er billig ist. Vorsicht also – das Wort Schlussverkauf und Schnäppchen sollte keinesfalls nur als Verkaufsschlager verwendet werden, was im Endeffekt nicht beim Sparen des Konsumenten hilft.

Ist selbst machen immer kostengünstiger?

Wer kennt es nicht, die allgemeine Masse der Menschen geht davon aus, dass man viele Dinge selbst herstellen kann und folglich spart. Doch wie ist es wirklich. Kannst Du sparen, wenn du Dein Waschmittel selbst herstellst oder wenn Du ab sofort das Trockenshampoo selbst produzierst. In Zeiten steigender Lebensunterhaltskosten kann man durchaus auf den Dreh kommen sich einfach selbst zu versorgen. Ich möchte nun in diesem Kapitel beleuchten wie sinnvoll es scheint, sich mit dem Thema Selbstversorgung zu befassen. Zudem möchte ich mit Dir aufgliedern was wirklich sinnvoll erscheint.

Beginnen wir beide doch einfach mit dem Thema Selbstversorgung. Darunter versteht man vorrangig die Versorgung mit Lebensmitteln aus eigenem Anbau. Ein guter Grundgedanke, wenn es um den Konsum von Bio-Lebensmitteln geht. Nichts schmeckt besser als eine selbstgepflückte Erdbeere oder ein Apfel frisch geerntet vom Baum. Da sind wir uns doch sicherlich einig. Doch wie kostengünstig ist das wirklich? Um den eigenen Bedarf decken zu können braucht man einen Garten. Den hat man entweder mit dem eigenen Haus erworben oder man sucht sich einen Garten in einer Gemeinschaft. Doch Achtung, hier sind strenge Richtlinien vorgesehen. Die Gartenfläche darf nicht zu 100 % durch Anbau bewirtschaftet werden. Rund 50 % sind im Normalfall von der Gesamtfläche zu nutzen. Diese 50 % der Fläche können jedoch schnell und vor allem sehr effizient mit

Tomaten, Gurken, Radieschen und anderen Gemüsesorten bepflanzt werden. Der Einkauf entsprechender Samen ist recht kostengünstig. Zwischen 1 Euro und 3 Euro pro Samenpacket kann man rechnen, wobei mehrere Samen in einer Tüte enthalten sind. Wer weniger Geduld hat kann sich fertige Pflanzen kaufen, die entsprechend gezogen werden können. Natürlich ist der Einkaufspreis wesentlich höher.

Damit sind die Kosten aber noch nicht abgedeckt. Die Pflege der Pflanzen kommt hinzu. Wasserkosten müssen berechnet werden und natürlich auch die Arbeitsleistung. Geht man nun von einem Kilogramm Tomaten aus, welches man vielleicht in einer Woche verzehrt, dann sind die normalen Einkaufskosten bei 2 Euro bis 3 Euro. Für diesen Preis bekommt man im Einzelhandel 2 bis 3 Tomatenpflanzen, die wiederum 1 bis 2 Kilogramm an Früchten tragen können. Im Grunde ist also der Eigenanbau nicht immer effizient, wenn man bedenkt welche Arbeit und welche Kostenbilanz dahintersteckt. Effizienter Anbau erfolgt meist im eigenen Garten, der direkt am Haus ist und durch die Versorgung von Regenwasser. Bei sehr heißen Sommermonaten reicht jedoch die Versorgung mit reinem Regenwasser nicht. Es kann also durchaus dazu kommen, dass die Pflanzen mit Wasser zusätzlich versorgt werden müssen.

Wie sieht es nun aber mit der Haltbarmachung von Lebensmitteln aus. Man spricht in diesem Fall auch von Fermentieren. Das Haltbarmachen von Lebensmitteln kann eine sehr gute

Möglichkeit sein, um beispielsweise Blumenkohl, Sauerkraut und andere Zutaten für Speisen über eine längere Zeit zu konservieren. Es bietet sich an, Kohlsorten im Angebot zu erwerben und fertig vorzubereiten, um später Portionsweise Gemüse einzufrieren oder eben zu fermentieren. Somit hat man immer frisches Gemüse. Auch hier möchte ich Dir gerne einen kleinen Kosteneinblick geben. Der Rotkohl im Angebot kostet als frischer Kohl pro Kilogramm 1 Euro bis 2 Euro. Für gewöhnlich bekommt man bis zu 3 Kilogramm Rotkohlgemüse aus einem Kohl. Kauft man den Rotkohl fertig kostet das günstigste Produkt 45 Cent, hat jedoch nur 500 Gramm. Das heißt man zahlt 90 Cent für ein Kilogramm fertigen Rotkohl. Sparen kann man also durchaus, wenn man den Kohl selbst herstellt. Viele werden sich nun aber denken, dass die Stromkosten mitberücksichtigt werden müssen. Das ist nicht der Fall, denn Du brauchst auch Strom, um den fertigen Kohl aus dem Glas zu erhitzen oder noch einmal fertig zu kochen.

Es kann sich also durchaus lohnen etwas Eigenes herzustellen. Wichtig ist, dass Du immer die Kosten im Blick behalten kannst. Errechne Dir vorher was kostengünstiger ist. So kannst Du auch auf lange Sicht Geld sparen.

Gratis-Proben aus dem Internet-die neue Sparmöglichkeit?

Ich habe Dir schon einige Tipps für den Alltag bieten können und natürlich konnte ich Dir auch ein paar Tipps im Umgang mit Deinem Einkauf bieten. Nun möchte ich Dir noch einen weiteren

Tipp mit auf den Weg geben. Im Internet lassen sich sogenannte Gratis-Proben finden. Bei zahlreichen Unternehmen kann man einmalig oder auch mehrfach gratis-Proben anfordern. Diese sind als Test gedacht und bieten natürlich auch die Chance das Produkt kennenzulernen und eventuell erneut zu kaufen.

Du kannst allerdings an dieser Stelle sparen. Diese Proben sind nicht nur physisch zu erhalten, sondern auch dank der gratis Downloads im Netz. Vor allem Hörbücher sind oftmals kostenlos zu bekommen. Wie bekommt man nun aber diese gratis Produkte. Dazu solltest Du in Netz nach gratis Proben suchen oder nach gratis Produkten. Du wirst auf verschiedene Seiten kommen, die entsprechend genutzt werden können. Dort bekommst Du Angebote für Kosmetikprodukte oder Lebensmittel. Suche Dir ein Produkt aus und schaue Dir genauer die Bedingungen an. Anschließend füllst Du die Bestellformulare aus und bekommst das Produkt zugeschickt.

Sparen kannst Du natürlich nur, wenn Du auch wirklich darauf achtest keine Versandkosten entrichten zu müssen. Denke aber immer daran, dass die Produkte nur einmalig erworben werden können. Natürlich werden die zahlreichen Produkte immer wieder aktualisiert. Deswegen lohnt es sich regelmäßig die Sparchancen zu prüfen.

Cashback-Systeme für mehr Sparvorteile nutzen

Sparen im Alltag ist auf unterschiedliche Weise möglich. Du kannst schnell und gezielt beim Einkauf sparen und natürlich auch gratis Produkte nutzen. Doch wie sieht es nun mit dem Thema Cashback aus. Sagt Dir das etwas? Was heißt Cashback eigentlich? Hierbei handelt es sich um Systeme, die es ermöglichen Punkte zu sammeln oder eben die Geld-zurück-Garantie in Anspruch zu nehmen. Ich möchte nun auf beide Systeme gerne eingehen. Beginnen wir mit dem reinen Punktesystem. Bei vielen Supermärkten oder auch Bäckern kann man mir einer sogenannten Punktekarte sparen. Entweder man bekommt beim Einkauf ab einer gewissen Summe einen Punkt zum Sammeln oder man erhält einen Stempel auf einer Rabattkarte. Ist die Rabattkarte voll, kann man beim nächsten Einkauf entweder etwas gratis bekommen oder eine Preissenkung. Vorteilhaft ist das für beide Seiten. Du wirst für die Treue belohnt und das Unternehmen hat einen „Stammkunden" gewonnen. Das Punktesammeln über die bekannten Systeme kann ebenfalls Geld sparen ermöglichen. Dazu musst Du natürlich immer wieder bei einem Anbieter einkaufen und jedes Mal beim Einkauf die Punkte gutschreiben lassen. Vorteil an dieser Aktion ist, dass die Anbieter sogenannte Coupons bieten, die teilweise digital ermöglicht werden. Diese Coupons erhöhen die zu bekommenden Punkte oder bieten auf bestimmte Produkte mehr Punkte. Hast Du eine gewisse Summe auf Deiner Punktekarte hinterlegt, können diese beim nächsten Einkauf verrechnet werden.

Ich möchte Dir nun noch eine andere Art der Sparmöglichkeit vorstellen, die sich Cashback nennt. Das reine Cashback sieht vor, dass man sein Geld zurückbekommt, wenn man bestimmte

Produkte erwirbt. Im Internet kann man unter dem Suchbegriff Cashback verschiedene Aktionsseiten kennenlernen, die wiederum die Angebote zur Verfügung stellen. Was heißt das nun für Dich? Schaue Dir die Angebote genauer an. Sind vielleicht Produkte dabei die Du gebrauchen kannst? Wenn ja, dann kaufe diese beim Einkauf, sende den Kassenbon ein und bekomme Dein Geld zurück.

Natürlich musst Du natürlich die Anwenderbedingungen beachten. Schaue Dir diese genauer an und Du wirst erkennen, worum es geht und ob Du diese Bedingungen umsetzen willst.

Tipp:

Schlussendlich möchte ich Dir bei diesem Kapitel noch einige Tipps mit auf den Weg geben, wie man im Alltag Geld sparen kann. Damit meine ich nicht das Sparen beim Einkaufen, sondern kleine Tipps für mehr Rücklagen. Eine Möglichkeit stellt das Pfandgeld dar. Anstatt es verrechnen zu lassen, kannst Du es Dir auszahlen lassen und zu Hause beiseitelegen. Hast Du eine bestimmte Summe zusammengespart, bringst Du es zur Bank. Ähnlich kann man das mit Geldgeschenken machen. Bekommst Du zum Geburtstag oder zu Weihnachten Geld geschenkt, dann ab damit in die Spardose. Eine andere Möglichkeit ist das Zurücklegen von je 10 Euro in der Woche. Oder das Sammeln von ausländischen Münzen.

Finanzmanagement im Alltag

Jetzt weißt Du, wie Du sparen kannst und hast sicher für Dich schon die ein oder andere Methode gefunden, dass es auch Dir möglich ist, Reserven zu bilden. Das Finanzmanagement im täglichen Leben sollte also niemals aus den Fugen geraten. Bitte überlege Dir für diesen Zweck sehr genau, wie Du Dein Konto und Deinen gesamten Finanzplan der täglichen Ausgaben und Einnahmen überwachen kannst.

Es steht unumstritten fest: Wenn Du möchtest, dass Du Geld auf Dauer einsparen kannst, bleiben nur zwei Stellschrauben für Dich und Deinen Alltag mit der Familie:

Reduziere die Kosten, in den Faktoren, die Dir möglich sind. Hier findest Du viele Tipps in diesem Buch.

Stärke die Einnahmenseite. Du willst mehr Einkommen erzielen? Auch hier bieten sich immer gute Möglichkeiten für Nebenjobs.

Wir haben in diesem Ratgeber bisher viel über den Sinn vom Sparen und die Möglichkeiten der Kostenersparnis im Alltag gesprochen. Jeder hat so seine eigenen Ideen, wie er sein Budget kürzen kann, ohne dabei an Lebensqualität zu verlieren. Wer in der Nacht beim Stromsparmodus seine Wäsche wäscht, spart Geld. Ebenso ist es in meinen Augen ein Gewinn, nicht jedes Wäschestück sofort zu waschen und nur volle Trommeln einzuschalten.

Doch bevor ich zu weiteren Möglichkeiten komme, wie Du die

Ausgaben im Alltag kürzen kannst, will ich Dir eine neue Inspiration für Deinen Alltag schenken: Stärke die Einnahmenseite!

Es gibt einige Nebenjobs, die Dir neue Türen öffnen, die Dir zu einem kleinen Geldsegen verhelfen können. Was spricht dagegen, ein paar Jobs in Sachen online von Zuhause aus zu erledigen? Hier bist Du flexibel und kannst dann arbeiten, wenn es draußen sowieso regnet und Du nichts Besseres mit Deiner Zeit anfangen möchtest.

Wer online an Befragungen teilnimmt oder Texte für andere schreibt, kann unter freier Zeiteinteilung sein Budget aufbessern. Außerdem hat Geldverdienen in der Freizeit noch einen weiteren Vorteil: In dieser Freizeit, in der Du einer weiteren Arbeit nachkommst, fehlt Dir die Zeit dafür, Geld auszugeben. So bleibt das Zaster in der Kasse – ist das nicht ein genialer Synergie-Effekt, der sich mehrfach bezahlt macht? Wer arbeitet, sündigt nicht! Fleißige, wohlerzogene Menschen haben diese Tatsache bereits in die Wiege gelegt bekommen. Komisch – diese Menschen besitzen meist auch Ersparnisse. Von diesen Menschen können wir alle das Sparen lernen.

Was gehört noch zu einem guten Finanzplan im Alltag? Manche Menschen führen genau Buch darüber, welche Summen sie im Monat einnehmen und ausgeben. So hilft es ihnen, alles einen Überblick zu bewahren, damit es nicht zum überzogenen Girokonto kommen kann.

Wer also genaue Buchführung leistet, läuft keine Gefahr, dass er auf Dauer über seine Verhältnisse lebt. So arbeitet übrigens auch der Schulden-Berater: Er will genau wissen, welche Einnahmen Du generierst und wo die Ausgaben unter Umständen zu kürzen wären. Kannst Du diesen Job nicht selbst für Dich übernehmen?

„Die Kunst ist nicht, Geld zu verdienen, sondern es zu behalten."
(Holländisches Sprichwort)

Wochenplan in Sachen Geldausgaben

Um Deine Finanzen im Überblick zu behalten, macht so mancher Planer eines: Er legt eine Tabelle im PC an, die er mindestens einmal pro Woche ausfüllt. Hier werden alle Ausgaben erfasst. Dabei kann somit jeder automatisch erkennen, welche Kosten unbedingt notwendig sind und welche nicht. Wie sagt eine alte Weisheit? Wer schreibt, der bleibt. Wenn Du alles aufschreibst, was Du an Einnahmen und Ausgaben erzielst, gerät nichts in Vergessenheit. Schriftlichkeit schafft Verbindlichkeit – das ist die halbe Miete, wenn es ums Geld geht. So wirst Du schnell Deinen individuellen Finanzplan entwickeln können und beim ein oder anderen Mal Essengehen deutliche Einsparmaßnahmen schnell ergreifen. Ist das nicht ein gutes Ziel auf Dauer, wenn Du Dir über eine langes Zeitfenster hinweg betrachtet, Geld einsparen möchtest?

Tipp:

Egal, wie Dein Finanzplan auch ausfällt. Wenn Du mehr Geld verdienen willst, bieten sich gerade im Internet einige Möglichkeiten dazu. Informiere Dich – lass Dir einen Nebenjob von Deinem Arbeitgeber genehmigen und achte darauf, dass Du sauber alle Einkünfte versteuerst. So kann nichts mehr schiefgehen. Auch in Sachen Ausgaben hilft es, keine Kosten einfach dem Zufall zu überlassen. Durchforste Deine Kontoauszüge genau – betreibe eine konkrete Ist-Aufnahme. So kannst Du einen guten „Soll-Zustand" erreichen, sodass Du langfristig sparen lernst und schnell zu einem soliden Vermögensaufbau gelangen wirst. Das ist der richtige Weg, dass auch Du Dir Türen für neue Träume öffnest. Ich bringe es nochmals auf den Punkt: Stärke Deine Einnahmen – reduziere Deine Ausgaben. Schreibe für mindestens 2 Monate alles genau auf, was Deinen Finanz-Haushalt betrifft und jetzt beantworte Dir folgende Frage: Wie kannst Du Deine finanzielle Situation optimieren?

Der Kostenplan - so erstellst Du die Übersicht über deine Finanzen

Ich habe den Wochenplan oder auch den Kostenplan bereits angesprochen. Er ist eine gute Möglichkeit, um die eigenen Finanzen zu staffeln und vor allem kennenlernen zu können. Doch wie funktioniert dieser Kostenplan eigentlich und wie kann man ihn verwenden, um Kosten zu senken. Um schnell Kosten im Alltag zu senken bleiben oftmals nur Lebensunterhaltskosten, die sofort aktiv bedient und gesenkt werden können.

Ich spreche also von Lebensmittelpreisen und Angeboten der Unterhaltung. Versicherungen lassen sich oftmals senken, aber eben erst in den darauffolgenden Monaten. Mietkosten sind nur durch einen Umzug zu senken und Kosten für Strom und Wasser lassen sich erst merkbar herabsenken, wenn die Abrechnungen kommen.

Um Einnahmen zu stärken, kannst Du verschiedene Chancen

nutzen. Diese erläutere ich Dir nachfolgend noch. Kommen wir aber erst einmal zum Kostenplan. Dieser sollte Einnahmen und Ausgaben beinhalten. Glieder Deine konkreten Einnahmen auf. Gegenüber stehen die Ausgaben für Lebensmittel, Unterhaltung, Miete und Strom, Wasser, Müll und andere Verbrauchsgüter. Bleibt am Ende des Monats nur ein geringer Betrag über kannst Du entweder Kosten senken oder mehr Verdienst generieren.

Tipp:

Versuche bei den wöchentlichen Einkäufen kosten zu senken. Dort bemerkst Du am schnellsten, dass Du die Chance auf Einsparungen haben kannst. Natürlich kannst Du auch auf andere Weise sparen, doch sind die Wirkungen deiner Bemühungen erst den Monat darauf oder am Abrechnungsjahr zu erkennen.

Einkommen aufstocken - das Internet macht ein passives Einkommen möglich

Um mehr Geld auf der Einkommensseite zu erhalten, kann man mit verschiedenen Home-Office Lösungen schnell ein zweites Einkommen generieren. Mit einem zweiten Standbein ist es leichter, steigende Kosten im Alltag abzufangen. Dazu hat man die Möglichkeit ein passives Einkommen zu erschaffen oder durch aktive Tätigkeiten im Home-Office durchzustarten. Ich möchte Dir nun ein paar Ideen vorstellen, die auch Du jederzeit umsetzen kannst.

Beginnen möchte ich mit dem passiven Einkommen. Dieses wird erzielt in dem du ein Produkt zur Verfügung stellst, welches regelmäßige Einnahmen ermöglicht, ohne dass Du aktiv etwas dafür tun musst. Ein passives Einkommen kann durch eine einmalige Arbeit oder Anstrengung entstehen. Dazu sollte man jedoch das nötige Wissen haben, um dieses Einkommen auch wirklich dauerhaft halten zu können. Natürlich kann anhand der freien Markwirtschaft das Einkommen in vielen Fällen schwanken, aber man kann damit ein Einkommen schaffen. Ich möchte Dir nun ein paar Vorschläge präsentieren, bei denen Du ein passives Einkommen erwirtschaften kannst.

Influencer

Es klingt eigenartig, doch über die sozialen Medien kann man wahrlich ein Einkommen ermöglichen. Dabei musst Du allerdings beginnen eine Fanbase aufzubauen. Das dauert einen gewissen Zeitraum. Schaltest Du dann Werbung kannst Du jeden Monat eine gewisse Summe an Einkommen erzielen. Dazu musst Du natürlich Bilder und auch Videos der Community bieten. Mit einer Werbeschaltung kannst Du schnell ein monatliches Einkommen erschaffen, welches regelmäßig erscheint. Zu diesem Bereich gehören natürlich auch YouTube Videos, die mit einem Partnerprogramm verbunden sind.

E-Books

Hast Du ein besonderes Fachwissen kannst Du mit Unterstützung ein Buch veröffentlichen. Ein eigener Roman oder doch lieber ein Ratgeber? Wirtschaftest Du gut, kannst Du auch hier mit Marketing und Werbung viel erreichen. Nicht nur Bücher lassen sich digital verkaufen, sondern auch Hörbücher und Podcast-Folgen.

Fotos

Man mag es kaum glauben, doch wer gut mit der Kamera umgehen kann und gerne Schnappschüsse festhält, der kann schnell mit verschiedenen Portalen ein passives Einkommen erwirtschaften. Stelle Deine Fotos zur Verfügung und lasse Nutzer dafür bezahlen.

Affiliate-Links:

Auch das kann eine gute Chance darstellen, um das eigene Konto aufzubessern. Jedoch solltest Du bedenken, dass dabei eine Teilnahme an den entsprechenden Partnerprogrammen erfolgen muss. Die Affiliate-Links basieren auf der Vermittlungsprovision. Klickt ein User auf einen Link, der von Dir beworben wurde, dann bekommst Du eine Summe für die Vermittlung. Gut funktionieren kann das beispielsweise mit Instagram, Facebook oder auch Pinterest. Partnerprogramme gibt es bei fast allen bekannten Unternehmen, die im Handel tätig sind.

Geld anlegen

Auch das Anlegen von Geld ist eine Möglichkeit das Konto zu stärken. Jedoch sollte man dabei immer bedenken, dass die Geldanlagen beherrscht werden müssen. Deswegen solltest Du Dich an einen Fachmann wenden und Dir genauere Anweisungen holen, bevor Du Geld anlegst oder sogar Aktien verkaufst.

Immobilien vermieten

Die Vermietung von Immobilien wird bei vielen Anwendern ausgelassen. Hat man eine Immobile, kann man diese optimal als Mietobjekt nutzen und somit monatlich ein passives Einkommen erwirtschaften. Jedoch musst Du auch bei der Vermietung an einiges denken. Erwirtschaftest Du damit Geld, musst Du das nicht nur bei der Steuer angeben, sondern auch Rücklagen schaffen, um Kosten für Reparaturen zu decken.

Videokurse

Ich habe noch eine Möglichkeit für Dich. Bist Du ein Experte in einem Bereich, dann biete Dein Wissen an. Die Wissensbegierde wächst und immer mehr Menschen sind bereit Online Kurse zu erwerben. Dafür kannst Du ganz einfach damit beginnen Dein Wissen online festzuhalten und den Menschen gegen einen Aufpreis zur Verfügung zu stellen.

Bevor Du mit einem passiven Einkommen beginnst, solltest Du Dich allerdings informieren, ob eine Gewerbeanmeldung wichtig ist oder ob Du ein Nebengewerbe anmelden musst. Dazu kann Dir das Finanzamt die besten Auskünfte geben. In Deutschland kann man als Kleingewerbe auftreten und muss bis zu einer bestimmten Einkommensgrenze keine Umsatzsteuer ausweisen. Das kann viele Vorteile bringen.

Neben dem passiven Einkommen kann das Internet noch weitere Chancen auf eine Einnahme ermöglichen. Diese belaufen sich auf unterschiedliche Möglichkeiten und sind teilweise mit wenig Aufwand zu betreiben. Auch hierzu möchte ich dir ein paar passende Möglichkeiten vorstellen.

Online Händler

Dank der Plattform Amazon muss man als Online Handler nicht mehr unbedingt den eigenen Shop bewirtschaften. Mittels Dropshipping geht das alles auch bequem und ohne großen Aufwand. Du kannst zum einen Produkte direkt bei Amazon lagern und von dort verkaufen oder du agierst mit dem Hersteller. Das heißt, Du stellst Produkt vor, die verkauft werden können. Bestellt ein Kunde dieses Produkt, gibst Du die Bestellung an den Hersteller weiter. Die Differenz zwischen Herstellerpreis und Verkauf ist demnach Dein Gewinn.

Gametester oder Produkttester

beide Angebote sind ebenfalls einfach von zu Hause aus zu ermöglichen. Wie die Namen schon verraten kann man sich schnell verdeutlichen was man im Test vor sich hat. Anfänglich wirst Du vielleicht keine hohen Einnahmen erzielen. Oftmals können die Produkte nur behalten werden, doch mit der passenden Recherche findest Du auch in diesem Bereich zahlende Kunden.

Datenerfasser

Man mag kaum glauben das es sowas gibt. Doch als Datenerfasser kannst du von zu Hause aus Geld verdienen. Dazu erfasst Du verschiedene Daten aus dem Internet für Unternehmen und reichst diese an den Auftraggeber weiter. Anschließend wird Dir die Arbeit entlohnt. Ein ähnliches Geschäftsfeld lässt sich bei der Recherche im Netz finden.

Virtuelle Assistenz

Ebenfalls ein Bereich der in den vergangenen Jahren sehr stark angestiegen ist. Dabei übernimmst Du Aufgaben für Unternehmen, aber eben von zu Hause aus. Als Assistentin musst Du jedoch ein gewisses Organisationstalent haben und entsprechend gute Kundenkontakte pflegen.

Online Umfragen

Online Umfragen sind wiederum eine optimale Chance, um etwas Kleingeld zu verdienen. Diese Umfragen kann man auf verschiedenen Plattformen finden. Pro Umfrage bekommt man einen Betrag auf das Nutzerkonto überspielt.

Nun stellt sich Dir die Frage, was man mit diesen Angeboten an Geld umsetzen kann. Bei Umfragen und auch bei den Produkttests sind jedoch wenige Einkünfte zu erwarten. Du solltest die Arbeitszeit immer dem Verdienst entgegensetzen. Erreichst Du ein höheres Einkommen und schaffst es Deine Ausgaben zu senken, kannst Du Dir einen angenehmen Puffer an finanziellen Mitteln zulegen.

Es gibt noch weitere Möglichkeiten schnell an Geld zu gelangen.

Brauchst Du beispielsweise jetzt Geld, dann kannst Du mitunter die Möglichkeiten nutzen, alten Schmuck zu verkaufen oder alte Bücher und CDs online anzubieten. Versuche nicht immer sofort alles wegzuschmeißen, sondern nutze die Einnahmequelle. Gerade im Bereich Bücher, Schuhe oder auch Kleidung kannst Du so schnell ein paar Euro verdienen. Und ich habe noch eine Möglichkeit wie Du an Dein Geld gelangen kannst.

Die Autovermietung oder auch die Fahrradvermietung bieten sich an. Das private Fahrzeug zu vermieten nennt sich Carsharing und stellt eine gute Möglichkeit dar der breiten Masse zu helfen und gleichzeitig Geld zu verdienen. Und noch etwas in Deiner unmittelbaren Nähe kann einen kleinen Beitrag bieten, um das Sparkonto zu erhöhen. Die Rede ist vom Blutspenden oder auch Plasmaspenden. Du tust nicht nur etwas Gutes, sondern bekommst eine kleine Summe für Deine Leistung.

Tipp:

Der Nebenverdienst wird in Hinblick der aktuellen Gesellschaftsentwicklung immer wichtiger. Also warum nicht die Chance nutzen und zu Hause etwas Geld verdienen.

Reziprozität - wie Du Geld magisch anziehst

Du fragst Dich nun sicherlich was ich mit Reziprozität meine und wie man magisch Geld anzieht. Es klingt erst einmal eigenartig, doch es gibt diese Möglichkeit wirklich. Wer versteht was die Reziprozität ist, der wird auch das Geld magisch anziehen können. Reziprozität ist ein Versuch das gegenseitige und wechselwirkende Handeln der Menschen in einen Begriff zu packen. Das klingt erst einmal sehr eigenartig. Ich möchte die Reziprozität noch mit einem anderen Wort beschreiben. Vielleicht kannst Du Dir unter dem Werte-Ungleichgewicht etwas vorstellen. Willst Du also Geld magisch anziehen, dann musst Du ein Werte-Ungleichgewicht erzeugen. Wie soll das nun gehen. Nutze Dein Wissen, Deine Fähigkeiten und Deine finanziellen Mittel, um einen hohen Nutzen in die Welt zu entsenden. Genau diese Möglichkeiten werden Dir Geld einbringen. Das klingt alles sehr komisch. Doch schon Karl Lagerfeld sagte: „Du musst Dein Geld mit beiden Händen zum Fenster rausschmeißen, damit es zur Tür wieder hereinkommen kann." Damit ist nicht der reine Konsum gemeint, sondern Investments in dich und dein Wissen.

Ich möchte Dir ein paar Tipps zur Umsetzung geben:

Beginne jetzt

Hast Du eine Idee oder willst Du unbedingt etwas erleben, dann mache es jetzt. Zögere bei Deinen Entscheidungen nicht mehr, sondern tue es jetzt. Willst Du Werbepartner anziehen? Dann gehe jetzt online und beginne damit Werbung zu schalten oder schreibe Unternehmen für eine Kooperation an.

Geld spielt keine Rolle

Tue so als würde Geld keine Rolle spielen. Verbreite Wissen und sauge dieses auch wieder auf. Du willst ein Buch, kauf es Dir. Du willst den Workshop nutzen, tue es.

Die Bezeichnung finanzielle Freiheit wird in der heutigen Gesellschaft sehr oft verwendet. Ich bin mir sicher, auch Du willst diese finanzielle Freiheit genießen. Doch das kannst Du nur wenn Du weißt was das ist.

Die finanzielle Freiheit ist erst dann erreicht, wenn die Einnahmen größer sind als die Ausgaben. Um Dir im Klaren zu sein wann Du das Erreichen wirst empfehle ich Dir die Einnahmen gegen die Ausgaben zu stellen. Wie weit bist Du noch entfernt von Deiner finanziellen Freiheit?

Maßnahmen zum Schuldenabbau inkl. Vorschlag für einen Sparplan

Nun geht es darum, dass Du jetzt dringend die Handbremse anziehen solltest, wenn Du bereits verschuldet bist oder den Sollsaldo bei Deinem Girokonto abbauen willst. Wer jetzt seinem Leben als Kreditnehmer eine Wende schenken will, trifft eine weise Entscheidung.

Was ist das Problem der schnelllebigen Zeit im Internet?

Viele Menschen können sogar online einen Kredit aufnehmen und alles per Knopfdruck von zu Hause aus erledigen. Dazu kommt, dass niedrige Zinsen so manchen Menschen locken, dass er sich unsinnig verschuldet. Doch was ist, wenn die Zinsen wieder ansteigen und die Kreditrate die Bürger auffrisst?

Als weiterer Faktor, warum Menschen überhaupt überschuldet sind, zählt nicht selten der Konsumrausch der Gesellschaft. Es gibt viele Menschen, die mehrere Kreditkarten besitzen und dadurch völlig ohne System viel zu viel Geld ausgeben. Wenn das Girokonto dann so überzogen ist oder die Bank die Karten sperrt, ist das Fass längst schon übergelaufen. Und jetzt?

So bringst Du Ordnung in die Welt der Finanzen

Jetzt gilt der Leitspruch: Raus aus der Schuldenfalle! Der Schuldenabbau kann natürlich mit Hilfe eines professionellen Beraters von Dir gesteuert werden. Auch eine gute Hausbank vor Ort ist meist offen für ein Gespräch, wenn es um den Abbau Deiner Kredite geht. Folgende Lösungsansätze können hierbei für Dich pures Gold wert sein:

Fasse die Schulden zusammen: Dies ist meist gefürchtet, doch genau der richtige Weg, damit Du auf Dauer wieder Ordnung in Dein Finanzleben bringen kannst. Hier ein Kleinkredit, dort ein überzogenes Konto, hier eine Kreditkarte, die auch noch einen nicht kleinen Betrag von Dir haben möchte? Manchen Menschen fehlt völlig der Überblick, welche Kredite sie überhaupt bedienen müssen. Schluss damit! Fasse Deine Schulden zusammen. Das ist der richtige Schritt für Ordnung. Wenn Du ein unaufgeräumtes Zimmer betrittst, muss es auch erst aufgeräumt und gereinigt werden, damit Du den Neuanfang in einem sauberen Raum wagen kannst. So ist es auch beim Schuldenabbau.

Wenn Du Dir mit Hilfe eines Finanzexperten oder durch systematisches Denken von Dir allein klar darüber bist, wie hoch Deine Schulden sind, solltest Du den nächsten Schritt gehen. Wie kannst Du Deine Schulden abbauen und welche Rate darfst Du für diesen Zweck aufbringen?

Im sogenannten Kapitaldienst wird berechnet, wie Du Zins und Tilgung so monatlich erbringen kannst, dass Du mit System und möglichst nicht zu langer Laufzeit Deine Darlehen zurückführen kannst. Dabei analysiert ein guter Banker genau, dass Konsumentenschulden natürlich nicht in einer Laufzeit von 5 Jahren oder noch länger getilgt werden können. Immobilienkredite sind natürlich etwas ganz anderes. Hier dauert es oft einige Jahrzehnte, bis der Bürger schuldenfrei ist.

Passen die Kreditrate und die Darlehenshöhe so zu Dir, dass Du raus aus der Schuldenfalle krabbelst? Mit diesem Schnitt im Leben ist eine gute Wende geschaffen. Allerdings ist die Frage, warum es zu den Schulden kam, nicht von der Hand zu weisen. Aus diesem Grunde solltest Du unbedingt jetzt Deine Finanzen überdenken und mit vielen Spartipps in meinem Buch in der Praxis arbeiten. Schließlich willst auch Du die finanzielle Wende in Dein Leben bringen, oder?

Sicherheiten verlangt fast jede Bank, wenn Du keinen Girokonto-Überziehungskredit wählst. Überlege Dir gut, welche Sicherheiten (Bürgschaft, Gehaltsabtretung, Verpfändung von Guthaben etc.) Du der Bank bieten kannst. Blanko-Kredite sind oft viel zu teuer, und die Bank kann sie schnell fällig stellen. Das überzogene Girokonto hilft also in keinem Fall, Kosten zu sparen, weil die Zinsen für den Bürger viel zu hoch sind.

Achte zum Schuldenabbau auf den festen Zinssatz, den Du bezahlen musst. Konsumentenkredite sind nicht die billigsten – das sollte Dir auch bei dem derzeit vorherrschenden Zinsniveau vollumfänglich bewusst sein. Allerdings gibt es dennoch

Unterschiede bei den Banken und Anbietern. Tendenziell wirkt ein Berater bei einer soliden Bank, dem Du Dein Vertrauen schenkst, seriöser als ein Online-Kredit ohne persönlichen Kontakt.

Je niedriger und je länger der festgeschriebene Zins für Dich ist, desto besser für Deinen Haushaltsplan und Dein Budget! Gute Sicherheiten sorgen für Dich, sodass das Darlehen preiswerter ist als der Blanko-Kredit. Eine gute Bank weist Dich von sich aus darauf hin, dass im Gegenzug der Kreditgewährung der Überziehungskredit auf dem Girokonto gestrichen wird. Was ist der Vorteil dieser Aktion? So behältst Du den Überblick über Deine Finanzen. Du willst sicher nicht, dass sofort der finanzielle Alltag wieder aus den Fugen gerät – genau deshalb genießt eine Änderung des Konsumverhaltens jetzt oberste Priorität.

Alle diese Schritte helfen Dir nicht, dass Du Deinen Schuldenberg abbauen kannst? Manchmal ist der letzte Ausweg aus der misslichen Lage nur noch die eidesstattliche Versicherung und die Anmeldung der Privat-insolvenz. Hier geht es darum, als letzten Ausweg seine Finanzen zu ordnen und zu lernen, wie jeder von uns sparen kann.

Du siehst an diesen Schritten: Es ist nie zu spät, den Schuldenberg abzubauen und endlich ein wenig Vermögen aufzubauen. Die Tatsache, dass Du dieses Buch liest, zeigt mir, dass Du die finanzielle Wende in Dein Leben bringen willst. Lasse erst Altlasten los – ordne Dein Leben und sorge dafür, dass Du, Schritt für Schritt, Geld ansparen kannst.

Tipp:

Der Verschuldungsgrad kann Dir helfen mehr Klarheit in Deine finanzielle Lage zu bringen. Dabei geht es vorrangig um die Art der Verschuldung und die Höhe. Stufe 1 definiert sich durch eine drohende Verschuldung, die vor allem vorsieht, dass Verbindlichkeiten noch in einer überschaubaren Zeit getilgt werden können. Stufe 2 ist die Zahlungsunfähigkeit. Sie zeigt an, dass die finanziellen Mittel auch auf lange Sicht nicht ausreichen werden, die Verschuldung zu überwinden. In welcher der beiden Stufen befindest Du Dich?

Welche Vorteile bringt ein Sparplan?

Ich stelle Dir natürlich keine komplette Übersicht aller innovativen Finanzprodukte in diesem Punkt vor. Die Bedürfnisse von uns Menschen sind sehr unterschiedlich. Es wäre also fatal, wenn ich Dir sage: Schließe einen sinnvollen Sparplan für Dein Alter ab, wenn Du vielleicht diesen Ansatz gar nicht anstrebst oder für Dein Alter bereits vorgesorgt hast. Fakt ist, dass die gesetzliche Rente in den wenigsten Fällen für ein befreites Leben in Rente ausreichen wird. Altersvorsorge heißt also, selbst einen aktiven Beitrag dafür zu leisten. Doch um dieses Thema geht es nicht primär in diesem Ratgeber.

Es geht jetzt darum, etwas Reserven zu bilden, indem Du monatlich (das ermöglicht Dir die beste Übersicht über Deinen Finanzen) eine kleine Summe ansparst. Du denkst Dir „Das lohnt sich doch sowieso nicht" oder „Warum sparen, jetzt ist doch alles in bester Ordnung"?

Nein – wehre Dich gegen derartige Gedanken! Gerade, wenn Du in Zukunft Deine Finanzen ordnen willst, ist jede noch so kleine Summe mehr als ein Mittel zum Zweck, Vermögen aufzubauen. Ich stelle Dir ein paar Möglichkeiten vor, wie Du einen Ratensparvertrag abschließen kannst und welche Arten dazu sinnvoll erscheinen. Neugierig auf diese Tipps aus dem Alltag der Finanzen?

Das Sparbuch für die eiserne Reserve

Das klassische Sparbuch bietet zwar kaum noch Zinsen, dennoch ist es eine risikoarme Anlage, bei der Du schnell wieder über das angesparte Geld verfügen kannst. Es ist meist eine größere Hürde für Jung und Alt, mit dem Sparbuch bei der Bank Geld abzuheben als über das laufende Girokonto. Das hat den Vorteil, dass Du dieses Geld tatsächlich sparst und nicht so leicht ausgibst.

Tipp:

Mit einem Dauerauftrag kannst du jeden Monat einen Betrag festlegen, der auf Dein Sparkonto oder Dein Sparbuch überwiesen werden soll. Setzte den Dauerauftrag so ein, dass deine Spareinlage direkt nach Geldeingang abgeht. Denn was einmal vom Konto runter ist, wird für Dich in diesem Falle nicht mehr „greifbar".

Der Sparvertrag bei der Bank auf längere Sicht

Immer noch bieten viele Banken gute Prämiensparverträge an, die bessere Zinsen als das klassische Sparbuch vorweisen. Allerdings ist es hier der richtige Weg, nicht mit dem Geld zur Entnahme die nächsten Jahre zu kalkulieren. Laufzeit und Vertragsbedingungen müssen natürlich von jedem Sparer eingehalten werden.

Sparen auf das flexible Tagesgeld oder Geldmarktkonto

Auch bei dieser Sparform ist es möglich, mit einem Dauerauftrag vom Girokonto absolut flexibel anzusparen. Fakt ist jedoch, dass in der Niedrigzinspolitik natürlich hier kaum ein großer Ertrag zu erwarten ist. Dennoch ist es ein Gewinn, das Geld vom Girokonto zu sparen und auf diesem flexiblen Geldmarktkonto zu parken.

Der Investmentsparvertrag in der Investition in diversen Sachwerten

Immer wieder werben Banken oder Direktbanken im Internet mit dem Slogan: „Sachwerte schützen vor Inflation!" Gilt diese Weisheit auch für den Ratensparvertrag? Ja – auch schon mit einer kleinen monatlichen Summe kannst Du hierbei für einen soliden Vermögensaufbau sorgen. Vorsicht: Die Kosten bei diversen Anbietern von Fonds sind nicht von der Hand zu weisen. Informiere Dich genau, welche Art von Investmentfonds Du abschließt und wie lange die Laufzeit betragen sollte, damit alle Kosten des Fonds nachhaltig gedeckt sind. Außerdem sollte Dir bei jeder Art von Sachwertanlage (Aktien, Immobilien oder

Rohstoffe) voll-umfänglich eines bewusst sein: Die Anlageformen können schwanken. Das heißt, dass Du durchaus ein wenig Risiko mitbringen solltest, wenn Du in der heutigen Welt ohne Zinsen einen lukrativen Ertrag erwarten möchtest. Fest steht, dass diese Arten von Sachwerten mittlerweile in den meisten Industriestaaten nahezu die einzigen Möglichkeiten sind, dem niedrigen Zinsniveau beim Sparen zu entkommen. Was spricht dagegen, auch mit kleinen monatlichen Beiträgen zum Aktionär zu werden?

Bausparen, Versicherungen und Co – lohnt sich das überhaupt noch?

Natürlich solltest Du bei langfristigen Verbundprodukten immer auf eines achten: Was will Dir die Bank verkaufen und kannst Du im Notfall aus diesem Sparplan Kapital ziehen? Bausparen gewinnt in einer günstigen Zinssituation für den Bauherrn immer weniger an Bedeutung. Bei Versicherungen schlägt sich ebenso die aktuelle Marktlage mit durch. Lasse Dich also genau beraten, ob diese Möglichkeiten für den Vermögensaufbau zu Dir und zu Deinen Bedürfnissen passen. Auch viele Versicherungen bieten in ihren kapitalbildenden Möglichkeiten mittlerweile die Kombination mit Investmentfonds an. Das ermöglicht dem Sparer, zumindest die Inflationsrate zu erwirtschaften und einen kleinen zusätzlichen Ertrag als Bonus.

Natürlich kann in diesem Ratgeber nicht jeder Sparvertrag vorgestellt werden. Diese grobe Übersicht dient Dir nur bei der ersten Orientierung. Fakt ist, dass monatlich Geld zur Seite zu legen schon meist ab kleinen Summen (ab ca. 25 Euro im Monat) möglich ist. Es ist ein Gewinn für viele Menschen, wenn Sie das Geld am Monatsende nicht nur für Konsum ausgegeben haben, sondern sogar schon für die Zukunft mit einem Sparvertrag vorgesorgt haben.

Tipp:

Die meisten Sparraten können flexibel so variiert werden, dass die Rate auf Deine aktuellen Lebensgewohnheiten anzupassen ist. Fakt ist: Wer lernt zu sparen, wird auf Dauer Ordnung in seine Finanzen bringen können. Was spricht dagegen, Dich gleich jetzt zu diesem wichtigen Thema umfassend zu informieren?

Wer nicht ausreichend Geld im Alltag sparen kann, um sich Wünsche oder auch Gebrauchsgegenstände zu leisten, der greift sehr schnell zur Ratenzahlung oder zum Kredit. Kleine Raten machen immerhin keinen großen Kummer. Doch irgendwann werden aus vielen kleinen Raten große finanzielle Probleme. Um Deine finanzielle Lage nicht weiter zu verschärfen, solltest Du lernen zu sparen. Meine Tipps werden Dir dabei helfen. Schaue sie Dir genauer an und finden den passenden Sparplan für Dich. Zusätzlich kannst Du mit einer zweiten Einnahmequelle Deine Konten aufbessern. Mit Disziplin und Motivation lernt man schnell im Alltag zu sparen und dieses Geld richtig zu verwalten.

Konsumieren oder Investieren?

Diese wichtige Frage kannst Du Dir nur selbst beantworten. Es gibt einige Dinge, die für die Investition sprechen, andere hingegen sprechen für die These: Genieße Dein Leben und gebe Dein Geld aus!

In meinen Augen ist folgende Tatsache hierfür relevant: Wähle den goldenen Mittelweg, damit Du Dein Vermögen schützt und dennoch nicht vom Geiz zerfressen wirst.

Ein schönes Zitat kann auch Dir richtige Inspirationen für Deine Gedanken schenken:

Reichtum besteht nicht darin, ein großes Vermögen zu besitzen, sondern wenige Wünsche zu haben.
(Epiktet - 55-135, Griechischer Stoiker)

Wer im Konsumrausch lebt, ist also zwangsläufig nicht glücklich. Das Glück von Shopping-Touren und Co hält oft nur kurzfristig an. Bei allem Hin und Her rund um die Investition und den Konsum solltest Du niemals vergessen, was wirklich wichtig in Deinem Leben ist: Das tiefe Glück und die zufriedene Dankbarkeit in seinem Herzen zu spüren, ist oft besser, als mit einem großen Wagen vorzufahren oder mit finanzierten Designer-Klamotten Eindruck zu schinden. Wie denkst Du darüber?

Natürlich kann und werde ich Dir in diesem Ratgeber keine konkreten Tipps geben können, ob das Investieren oder der Konsum die bessere Lösung für Dich persönlich darstellen wird. Du bist Du – so individuell wir Menschen in unserer Persönlichkeit leben, so individuell ist auch das Kauf- und Sparverhalten des Einzelnen zu betrachten. Die Tatsache, dass Du dieses Buch liest, zeigt mir allerdings, dass Du durchaus an der guten Investition für einen Sparvertrag oder einem anderen Vermögensaufbau Interesse bekundest.

Wie bereits mehrfach in dieser Lektüre dargestellt: Das Glück liegt, wie so oft im Leben, in der goldenen Mitte! Bitte achte also stets darauf, dass Du nicht zu viel investierst und Dir dabei Deine Zukunft verbaust, das Leben zu genießen und nicht im Konsum-Rausch endest. Wer seine Finanzen auf Dauer in Ordnung halten will, soll sich das gönnen, was ihm Spaß macht aber dennoch richtig sparen. Genau aus diesem Grunde siehst Du in meinen zahlreichen Spartipps (vor allem im nächsten Kapitel) eine gute Möglichkeit, den für Dich richtigen Weg für ein glückliches, erfülltes Leben zu finden.

Hier jedoch zunächst die Vorteile für Dich von beiden Aspekten in Sachen investieren oder konsumieren.

Die Vorteile von der Investition im Überblick:

Gerade der Rückhalt bei Sachwertanlagen, die eine inflationsgeschützte Anlageform darstellen, sorgt für ein befreites Lebensgefühl.

Wer investiert, kann sich immer wieder im Alter oder schon vor Renteneintritt besondere Wünsche erfüllen. Reisen kosten Geld. Woher das Geld nehmen, wenn Du nicht im Vorfeld dafür gesorgt hast, mit guten Investments Dein Leben zu erleichtern?

Wenn Du eine Familie um Dich hast, möchten manchmal die

Kinder eine Finanzspritze für ihre Wünsche wie Ausbildung, eigene Wohnung oder erstes Auto. Hier lohnt es sich, mit der richtigen Investition, den Kindern den Start ins Leben erheblich zu erleichtern.

Investieren kann Dich stolz stimmen und glücklich machen! Wer ein bestimmtes Sparziel erreicht, wird erfüllte Wünsche wie ein schönes Schmuckstück oder andere Elemente durchaus sehr wertschätzen. Sparen sorgt also auch für ein Gefühl von Zufriedenheit oder Stolz!

Wer sich täglich sein Haus ansieht, für das er gespart hat, weiß, was er daran hat. Somit bist Du nicht auf einen Vermieter gestellt, der Dir aus Eigenbedarf oder anderen Gründen kündigen kann. Genau deshalb macht es für viele Anleger durchaus Sinn, sich den Traum der eigenen Immobilie zu erfüllen.

Du willst so in Aktien investieren, dass Du dadurch den Wirtschaftsteil der Zeitung automatisch lesen wirst? Wer investiert, ist meist auch gut informiert darüber, welche Sparformen sich für diesen Zweck am besten eignen. Wissen und Information hat noch nie im Leben geschadet, oder?

Diese paar Vorteile in Sachen Investition sollen Dir nur eine grobe Übersicht liefern.

Die Vorteile vom Konsum im Überblick:

Das schöne Leben kostet Geld. Man gönnt sich schließlich etwas.

Mann und Frau leben nur einmal! Genau aus diesem Grunde solltest Du niemals zu viel an die Zukunft denken. Wie heißt es so schön? Morgen kann das Leben vorbei sein – das Ziel von den meisten Menschen, ein schönes Leben zu führen. Dazu gehört es nun einmal, Essen zu gehen, sich auf Reisen zu begeben oder sich die besonderen Schuhe zu gönnen. Willst Du Dir dann jeden Wunsch verwehrt haben?

Konsum ist das, was unsere Gesellschaft propagiert. Wer möchte schon permanent zu Hause sitzen und sich nicht mit Freunden zu Konzerten, zu wilden Partys oder zu Shopping-Touren treffen? Aktivitäten wie Wellness oder Freizeitparks kosten Geld – doch sie schenken uns auch die ganz besonderen Momente der tiefen Erinnerung.

Es gibt Menschen, die viel vererben und nie richtig gelebt haben. Was haben diese nur von ihrem Geld? Konsum ist der richtige Weg, sich ein schönes Leben zu machen und eines steht fest: Kaufen macht glücklich!

Die Zinsen bei der Bank sind mehr als schlecht – und das schon seit vielen Jahren. Warum sollte man das Geld bei der Bank versauern lassen? Die Inflation frisst nicht selten die Kaufkraft des Geldes auf – wenn Du nicht clever sparst (in Form von Sachwertanlagen, die Inflationsschutz bedeuten). Wozu musst Du Dich mit all dem beschäftigen, wenn Du doch nur einmal lebst?

Gebe Dein Geld aus und genieße das Leben. Morgen kann das Leben schließlich vorbei sein!

Konsum schafft wunderbare Momente, die Du im Leben nie vergessen wirst. Wenn Du mit Deinem Cabriolet durch die Welt fährst beim Sonnenschein, werden Dir diese besonderen Momente meist lange in Erinnerung bleiben. Alles, was Spaß macht, kostet schließlich Geld – aber nicht immer ein großes Vermögen. Für wen sparen, wenn Du einfach nur einmal auf dieser Welt leben darfst?

Natürlich sind auch diese Vorteile in Sachen Konsum nicht vollständig. Konsum kurbelt die Wirtschaft an – wenn der Motor der Wirtschaft auf Hochtouren läuft, geht es uns Menschen tendenziell besser als in einem Entwicklungsland. Dennoch sind die richtigen Rücklagen auf der hohen Kante ein wichtiger Faktor für ein dauerhaft erfülltes Leben. Warum sollten sich schon Menschen unsinnig überschulden und alles in Sachen Vermögen aus den Fugen geraten lassen?

Finde also Deinen goldenen Mittelweg aus den Faktoren und frage Dich: Was investiere ich mit welchem Betrag und wie erfülle ich mir meine Konsumwünsche?

Die 25 besten Spartipps im Alltag

Glückwunsch! Sehr viel in diesem Buch hast Du jetzt sicherlich schon tief in Dir verinnerlicht. Jetzt geht es darum, ins Detail zu gehen!

In diesem Kapitel stelle ich Dir ein paar Spartipps vor. Wähle jene Tipps, die zu Dir passen. Was spricht dagegen, noch heute mit dem Sparen anzufangen?

1. Achte darauf, nicht zu viel auszugehen

Natürlich ist es ein großer Kostenfaktor für uns alle, wenn Du ständig unterwegs bist. Dabei geht es nicht nur um den Kinoeintritt und um die Party-Nacht mit Ticket, sondern auch darum, wie Du Dich an diese Ortschaften bewegen willst und was Du konsumierst. Ein Beispiel: Wer sich bei jedem Kinobesuch das Popcorn, die Cola oder das Eis an der Theke gönnt, gibt locker einmal an einem Kinotag mit der Familie 100 Euro aus. Muss das sein? Ein guter Film zu Hause angesehen ist eine sinnvolle Kostenersparnis mit wenig Einschränkungen.

2. Koche selbst – das ist ohnehin gesünder als viele Fertiggerichte

Kochen macht Spaß? Ja – und es ist preiswerter, als sich von Fast Food und Nudelgerichten zu ernähren. Wer auf Vorrat kocht, spart noch zusätzlich Geld und muss nicht bei jedem kleinen Pfannengericht erneut den Herd einschalten. Dabei ist die TK-

Truhe, die wir nicht nur aus Großmutters Zeiten kennen, ein weiterer Faktor, der unsere Ressourcen positiv beeinflusst und dafür sorgt, dass wir auch im Winter ein schnelles Gericht auftauen können. Das ist nicht nur preiswert, sondern auch gesund. So brauchst Du auch, wenn es schnell gehen muss, kein Fertiggericht oder strebst den Besuch in der Fast-Food-Kette an.

3. Triff Dich mit Freunden nicht in der Kneipe, sondern zu Hause

Nicht immer müssen wir uns dann treffen, wenn wir unterwegs sind. Gerade der traditionelle Spieleabend mit Freunden ist wieder mehr als modern und fördert die Kreativität in der Gemeinschaft. Hier kann jeder selbst etwas mitbringen, was er möchte. Gekaufte Getränke und Knabbereien sind einfach günstiger als immer für bestes Entertainment in der Kneipe oder in Bars zu sorgen. Wann hast Du Dich zuletzt mit Deinen Freunden bei Dir im Heim oder bei Deinen Liebsten getroffen?

4. Kaufe gute Qualität, die lange haltbar ist

Wir denken, wir sparen durch den Kauf von billiger Kleidung wirklich Geld ein. Wie denkst Du darüber? Das Gegenteil ist langfristig betrachtet der Fall. Gute Qualität zahlt sich bei Handtüchern, Bettwäsche, Schuhen und Co aus. Somit kannst Du Deine Markenschuhe aus echtem Leder lange selbst pflegen, obwohl sie modern sind und Dich viele Jahre glücklich stimmen. Zeitlose Mode in bester Qualität ist ein guter Faktor, um Geld zu sparen.

5. Gehe regelmäßig zur Vorsorge in Sachen Gesundheit und Zahlmedizin

Du denkst, Dir ist es lästig, Dir Muttermale genau ansehen zu lassen und die professionelle Zahnreinigung durchzuführen? Bitte achte auf die perfekte Vorsorge – nicht nur Deiner Gesundheit zuliebe. Warum spart es auch Geld, sich immer wieder bewusst von einem Mediziner Deiner Wahl checken zu lassen? Ganz einfach: Vorsicht ist besser als Nachsicht. Gerade wenn Du hohe Zahnschäden auf Dich nimmst, weil Du Deine Zähne nicht richtig pflegst oder nicht zur Vorsorge gehst, kann dies einen fatalen Kostenfaktor für Deine Zukunft darstellen.

Gesundheit kostet Geld und nicht alles an guter Leistung wird von der Kasse bezahlt. An diesem Beispiel siehst Du: Das Geld in medizinische Vorsorge zahlt sich in den allermeisten Fällen mehr als aus!

6. Stelle auf den Konsum von Leitungswasser um und kaufe kein teures Mineralwasser

Natürlich kommt es hierbei immer auf die Trinkqualität bei Deinem Leitungswasser an. Allerdings kannst Du in vielen Industriestaaten guten Gewissens das Trinkwasser aus der Leitung genießen. Eine Filteranlage ist ein zusätzlicher Faktor, der Dir ein gutes, gesundes Gewissen schenkt, wenn Du gesund leben möchtest. Was spricht dagegen, für den spritzigen Genuss einen kleinen Aufbereiter für die Kohlensäure zu besorgen?

Tipp:

Ein zusätzlicher Sparfaktor ist es, wenn Du günstige Sirupe kaufst, an statt teurer Limonaden oder Säfte, mit denen Du Dein Leitungswasser anreichern darfst. Das sorgt nicht nur für unterschiedlichen Geschmack, sondern schont auch die Umwelt, weil der Müll dadurch weniger wird und Du keine Kisten schleppen musst. Klingt das nicht nach einer genialen preiswerten Idee mit Zukunft?

7. Vergleiche Angebote in Sachen Lebensmittel und Co

Vergleich macht reich! Egal, ob Du im Supermarkt nach den preiswerten Obst- und Gemüsesorten siehst oder ob Du Dich dafür interessierst, Schlussverkaufs-Schnäppchen bei Kleidung und Co zu machen – vergleichen ist eine mehr als gängige Methode, viel Geld im Leben einzusparen. Klasse, oder? Der Vergleich unter einzelnen Produkten und Angeboten ist die gängigste Methode, auf Dauer Kosten und Geld zu sparen. Aktiviere Dein Bewusstsein für gute Einkäufe, die preiswert sind und dennoch eine gute Leistung erbringen. Eine App zum Vergleich der Preise auf dem Smartphone kann Dir dabei helfen. So bist Du immer up-to-date.

8. Achte auf den Stromverbrauch

Manche Menschen achten fast gar nicht darauf, was ihre Stromkosten ausmacht. Warum willst Du nicht viele Geräte auf Standby schalten oder den Nachtsparmodus der Waschmaschine nutzen? In Sachen Strom solltest Du nichts dem Zufall überlassen.

Energiesparen schont nicht nur die Umwelt, sondern hat auch nichts mit großen Einbußen im Alltag zu tun. Eine Möglichkeit dafür ist der Einsatz von Energiesparlampen.

9. Verwende die Regentonne, um den Wasserbedarf zu sparen

Wir verbrauchen nicht selten viel zu viel Wasser und leben dabei auf Kosten der Umwelt. Sind die Ressourcen bald schon aufgebraucht? Auch wenn wir keinerlei Wassermangel wie in Entwicklungs-ländern erleben: Spare am Wasserverbrauch. Blumen gießen ist ohnehin viel gesünder für die Pflanzen, wenn Du Wasser aus der Regentonne verwendest. Dazu gehört es, die Dachrinnen im Heim so zu platzieren, dass Du Regenwasser bestmöglich nutzen kannst. Wusstest Du, dass in Entwicklungsländern viele Menschen viele Kilometer laufen müssen, um an sauberes Trinkwasser zu gelangen?

Bitte sorge immer dafür, dass Du im Sinne der Natur und Umwelt AUF DER GANZEN WELT achtest. Wir haben nur eine Umwelt – ehre und liebe sie!

10. Kündige Verträge, die Du nicht brauchst

Egal ob Du Deinen Vertragsordner über abgeschlossene Versicherungen durch-forstest oder ob Du sonst Deine Finanzen überprüfst, ob Du in Sachen weitere Verträge wie Mitgliedschaften und Co Geld einsparen kannst: Kündigen macht Spaß und erhöht Dein monatliches Budget in hohem Maße! Klingt das nicht nach einem guten Plan für ein Leben mit mehr Geld?

11. Achte auf Deine Heizkosten und dusche nicht immer heiß

Natürlich musst Du nicht im kalten Raum sitzen, damit Du Geld sparen kannst. Heizen ist dennoch ein sehr teurer Faktor, der uns Menschen das finanzielle Leben fast zum Verhängnis werden lassen kann. Wer richtig heizt und gut lüftet, sorgt nicht nur für Vitalität im Alltag, sondern schafft es auch, unnötigen Kosten in Sachen Wärme zu vermeiden. Ein absolutes No-Go ist dabei das Heizen beim gekippten Fenster. Auch Deine ganze Familie gilt es in diesem Punkt zu sensibilisieren. Wer im Sinne der Gemeinschaft handelt und das Sparen schon von Kindesbeinen an lernt, wird auch in Zukunft nicht auf Pump leben müssen.

12. Fahre viel Fahrrad und betreibe Sport, der nichts kostet

Fitness ist ein wichtiger Faktor in unserem gesamten Leben. Doch – muss es immer der teure Sportclub sein, für den Du Dich in Sachen Sport engagierst? Joggen oder Fahrradfahren kostet fast kein Geld und sorgt dafür, dass Du Dich an der frischen Luft aufhältst. Genau das ist der richtige Weg, um auf Dauer seine Vitalität zu steigern. Teure Geräte brauchen wir nicht immer, damit wir einen aktiven, positiven Beitrag für unsere Fitness leisten. Manchmal hilft es auch, eine gute Isomatte als Yoga-Matte im Alltag zu verwenden und sich nicht jeden „kleinen Unsinn" neu zu kaufen. Durchforste Deinen Keller und Deinen Vorratsraum – das hilft vielen Menschen, auf Dauer die Kosten zu reduzieren.

13. Sortiere Deinen Schrank aus

Was soll Dir diese Aktion in Sachen Kostenersparnis wirklich bringen? Ganz einfach: Alles, was Du mindestens 2 Jahre nicht getragen hast, kannst Du in die Altkleidersammlung geben oder auf dem Flohmarkt verkaufen. Daran siehst Du, dass wir oft so unsinnig einkaufen und nichts, aber auch gar nichts, von unseren Kleidungskäufen auch wirklich brauchen. Diese These in Sachen „Schrank-Alarm" hilft Dir also, Deinen Konsumrausch zu bremsen! Außerdem wissen viele Menschen gar nicht mehr, dass sie Dinge in ihrem Kleiderschrank vorfinden, die längst schon wieder modern sind. Warum immer neu kaufen und dadurch nicht im Sinne der Nachhaltigkeit handeln?

14. Nutze nicht jedes Angebot – nicht alles brauchst Du, weil es gerade billig zu kaufen ist

Zugegeben: Wir alle lassen uns manchmal von Sonderangeboten und Aktionen locken. Erging es auch Dir manchmal so, dass Du so einiges nur gekauft hast, weil es „so billig" war? Dabei ist es keine Überraschung, dass so manche Aktionswochen nur deshalb durchgeführt werden, weil sie das Geschäft und den Konsum ankurbeln. Was ist besser? Trotz aller Preissenkungen: Bitte kaufe nur das, was auch sinnvoll ist. Das hilft nicht nur unserer Umwelt, sondern auch Deinem eigenen Bewusstsein in Sachen Nachhaltigkeit.

15. Lass das Auto immer öfter stehen

Gehörst auch Du manchmal zu den mehr als bequemen Menschen, die jeden Meter mit dem Auto zurücklegen? Autos kosten Geld – und das nicht gerade wenig! Autofahren ist nicht nur durch die Benzinkosten ein hoher Kostenfaktor. Bitte bedenke, dass teure Autos hohe Versicherungsprämien kosten und für einen durchschnittlichen Kleinwagen im Monat umgerechnet ca. 300 bis 400 Euro zu berechnen sind. Schließlich müssen Rücklagen für Reparaturen und Kundendienste gebildet werden. Was ist oftmals besser? Busfahren und der Fußmarsch sind oft die günstigere Alternative zu kurzen Autofahrten!

16. Nutze Angebote in Sachen Kultur

Viele Städte bieten bestimmte Tage an, an denen Du umsonst in die Galerie oder in Dein Lieblingsmuseum gehen darfst. Alle Kulturfans sollten sich deshalb im Vorfeld genau überlegen, ob sie für manchen Kultur-Genuss nicht die besten Angebote nutzen möchten. Was spricht dagegen, stattdessen eine Spende zu leisten? Dieser Tipp gilt übrigens auch, wenn Du auf Reisen fremde Städte kennenlernen willst. Genau deshalb solltest Du jede Reiseplanung genau im Vorfeld überdenken. Warum nicht am „Gratis-Kultur-Montag" die Ausstellung oder die Galerie besuchen?

17. Teure Pflegeprodukte sind nicht immer notwendig

Gehörst Du zu den Menschen, die sich immer wieder teure Marken-Cremes besorgen, damit sie in Sachen Körperpflege ein gutes Gefühl in sich tragen? Das muss nicht sein. Ein Peeling kannst Du zum Beispiel einfach aus kalter Milch und Salz selbst herstellen. Diese Methode eines „pflegenden Milch- und Honigbades" hat schon die Kaiserin Sissi praktiziert. Doch auch Anti-Aging-Masken darfst Du preiswert aus Gurken oder Joghurt selbst herstellen. Es macht Spaß, einen Wellness-Abend mit Schätzen aus der Natur mit den Freundinnen zu planen. Müssen es wirklich immer teure Wellness-Hotels sein, die Deinen Alltag bestimmen, damit Du Dich wohlfühlst? Selbst gemacht ist immer noch am besten!

18. Nutze Solaranlagen und Co

Gerade die Energie-Effizienz ist auf Dauer die richtige Art zu leben, wenn Du ein Eigenheim besitzt. Die Stromgewinnung durch ein Solardach wird sogar in einigen Ländern staatlich gefördert. Das hilft Dir auf Dauer, Energiekosten zu sparen und sorgt für ein umweltbewusstes Verhalten. Informiere Dich täglich neu, welche Möglichkeiten es gibt, im Sinne der Nachhaltigkeit Geld auf Dauer zu sparen.

19. Wie oft wäschst Du Deine Wäsche?

Natürlich müssen die Reinlichkeit und ein gepflegtes Äußeres nicht darunter leiden, wenn Du an der Wäsche sparst. Manchmal ist es ohnehin besser für Pullover und Co, sie nicht zu oft zu waschen oder in die Reinigung zu bringen. Jede Wäsche nimmt Fasern des Garns aus Deinem Stück. Was ist besser? Manchmal ist es ausreichend und auch pflegender, getragene Wäsche auf dem Balkon zu lüften, als nach wenigen Momenten des Tragens alles sofort in den Wäschekorb zu werfen. Achte hierbei genau auf Dein Verhalten im Alltag und mache auch Deine Familien-Mitglieder auf diesen Tipp aufmerksam.

20. Muss der permanente Besuch bei der Kosmetikerin oder beim Friseur wirklich sein?

Manche Frauen und Männer lassen sich die Augenbrauen vom Profi zupfen oder besuchen zehnmal pro Jahr das Nagelstudio. Wer alle 4 Wochen den Friseurbesuch für Haarfarbe und Co ansteuert, verschleudert jede Menge Geld. Macht es nicht große Freude, die ein oder andere Aktion wie Haare zu färben selbst durchzuführen? Auch eine Freundin oder ein Bekannter kann Dir dabei helfen, wenn ihr diese Dienste an euch gegenseitig durchführt. Das sorgt auch für lustige Momente, die Du nicht bei einem gewöhnlichen Friseurbesuch erleben willst. Klingt das nicht spannend?

21. Das Vollbad durch die Dusche ersetzen

Keine Frage; Manchmal möchten wir Menschen uns einfach einen Traum und Wunsch erfüllen, indem wir nach einem anstrengenden Tag oder kaltem Winterfrost ein Bad genießen. Das darfst Du Dir natürlich auch gönnen, wenn es Dein Wohlbefinden steigert. Doch – muss es wirklich immer die randvolle Badewanne sein?

Manchmal hilft es auch, das Bad durch die schnelle, heiße Dusche zu ersetzen. Das spart nicht nur Geld, sondern auch Zeit. Nach der Dusche kannst Du gern eine Kanne Kräutertee genießen, die Dich ebenso von innen aufwärmt. Das ist sogar besser für die Haut, als zu lange Vollbäder, die auslaugen.

22. Plane Deinen Urlaub sinnvoll und rechtzeitig

Reisen und Urlaube kosten Geld. Natürlich musst Du Dir nicht jeden Wunsch in Sachen Reisen verwehren. Allerdings sind in den Ferienzeiten viele Campingplätze nicht nur schnell ausgebucht, sondern auch unsagbar teuer. Wer außerhalb der Saison reist und viel Zeit dafür investiert, günstige Unterkünfte oder Hotels zu selektieren, kann jede Menge an Geld sparen. Warum muss es immer die teure Flugreise sein, damit Du das Gefühl hast, Dich entspannen zu dürfen? Die Reise in der Nähe ist oft genauso erholsam und spart den ein oder anderen Euro. Kennst Du Deine nahe Umgebung wirklich so gut? Hier sind manche Wanderurlaube preiswert und mehr als ein Gewinn für Deine Seele.

23. Stelle Deine Technik zu Hause auf gute Geräte um, die Dir dabei helfen, Energie zu sparen

Weißt Du, dass ein alter Kühlschrank oder die Gefriertruhe von Mama unnötige Stromfresser darstellen? Manchmal ist es besser, auf energieeffiziente Technik umzustellen. Was für Energiesparlampen gilt, ist auch bei Kühlschrank und Co. ein Gewinn für Deine Geldbörse. Achte hierbei genau auf das, was gerade angesagt ist und preiswert zu erstehen ist. Gerade der Kühlschrank läuft oft rund um die Uhr, sogar, wenn wir auf Reisen sind. Hierbei ist es Gold wert, gute Geräte nach neuesten technischen Standards zu nutzen.

24. Selbst gemacht ist doch am besten!

Natürlich können wir nicht immer, aufgrund des Zeitmangels, jeden Schrank selbst neu streichen oder die Renovierung im eigenen Zuhause selbst durchführen. Dennoch ist es ein Gewinn für Jung und Alt, sich im Wechsel der Tapete oder auch bei der Erneuerung manchen Holzstuhles selbst handwerklich zu betätigen. Das fördert Deine eigene Kreativität und auch ein hohes Gefühl von Stolz, wenn Du Dein Zuhause selbst neugestaltet hast. Warum auf den teuren Handwerker warten, wenn Du Dir den ein oder anderen Tipp selbst aus dem Netz ziehen kannst?

25. Informiere Dich über eine Tauschbörse in Deiner Nähe

Ich durfte Dir bereits den Sinn vom Zahlungsmittel Geld in diesem Ratgeber sehr genau erklären. Geld dient im Ursprung als Tauschmittel für Waren und Dienstleistungen. Allerdings bieten nicht nur Großstädte und Kulturkreise auch derartige Tauschdienste aktiv an. Wie funktioniert dies genau? Ganz einfach: Du kannst Deine Dienste in Sachen Handwerk anbieten und erhältst dafür den perfekt gebackenen Kuchen für die nächste Party im Garten. Du wechselst einem alten Menschen die Reifen und er hilft Dir dabei, Deine Kleidung zu flicken, die Du ansonsten wegwerfen müsstest.

Jeder macht das, was er kann. Jeder profitiert von den Fähigkeiten des anderen. Klingt das nicht nach einer gesellschaftlich wertvollen Möglichkeit, Geld im Alltag einzusparen?

Fazit

Klasse, dass Du dieses Buch bis zu diesem Punkt gelesen hast. Du weißt jetzt, dass es kein Geheimnis ist, mit einfachen Tipps und Tricks eines zu erlernen: zu sparen! Sparen macht Freude, sparen stimmt stolz und glücklich. Wer es schafft, im Gedanken an den Charakter der Vermögensbildung, nicht komplett auf Genuss und Konsum zu verzichten, hat schon sehr viel für sein Leben gewonnen. Weißt Du, dass wir in Sachen Geld viel von unseren Großeltern und Eltern erlernen können? Ja – denn viele Menschen aus ein oder zwei Generationen vor unserem Leben schaffen es längst, von Ihren Ersparnissen zu leben und dennoch das Leben zu genießen.

Wie ist die aktuelle Entwicklung unserer heutigen, oft sehr schnelllebigen Zeit?

Natürlich können wir nie alle Menschen über einen Kamm scheren. Doch eine Tatsache ist nicht von der Hand zu weisen: Tendenziell leben gerade sehr viele Jugendliche und junge Menschen vom Erbe der Eltern oder auf Kosten der Allgemeinheit. Die Studien-Zeiten sind meist endlos lange – hierbei sind nicht wenige Studenten auf die Hilfe ihrer Eltern angewiesen.

Dazu kommt der Faktor, dass es längst schon ein Zeichen der Zeit ist, dass viele Bürger mindestens zwei Kreditkarten aktiv nutzen und Geld ausgeben, ohne großartig darüber nachzudenken. Die Welt im Internet, in der Portale zum Kauf online einladen und die

Abwicklung der Finanzgeschäfte über Banken im Netz tut ein Übriges: Geld wird schneller ausgegeben als noch vor vielen Jahren. Wie leicht ist es, einen Kredit online zu erhalten und sich mit ein paar Klicks am PC, Geld aufs Konto überweisen zu lassen?

All dies ist nicht unbedingt förderlich für den Charakter des Sparens. Wir können uns permanent von der Werbung beeinflussen lassen, was wir alles brauchen und es sofort bestellen. Die Welt im Netz ist voll von Kochsendungen, die sich Menschen oft ansehen. Doch – wer von uns möchte im Sinne der Nachhaltigkeit selbst kochen und viel Zeit in der eigenen Küche verbringen? Lieber bestellen wir online den Pizza-Service ins Haus und verursachen Berge von Müll, die uns alle viel Geld kosten. Natürlich ist nicht jeder Mensch so gestrickt, dass er lieber konsumiert als arbeitet. Doch tendenziell geben junge Menschen mehr Geld aus als sie einnehmen. Wer sich nicht in seinem Verhalten verändert, kann in der Armut oder sogar in der Privatinsolvenz landen.

Dir ist das jetzt alles zu dramatisch und plakativ dargestellt? Im Alltag zu sparen bedeutet, große Überlegungen und in dem ein oder anderen Punkt meist etwas Verzicht. Allerdings kann ich Dir aus eigener Erfahrung versprechen: Richtiger Verzicht mit den vielen Tipps dieses Ratgebers bedeuten keinesfalls eine große Einschränkung in Deinem Leben – ganz im Gegenteil:

Wir lernen durch Verzicht wieder viele Werte ganz neu im Leben kennen. Diese Elemente sind wichtig für unsere persönliche

Entwicklung, für eine glorreiche Zukunft. Die Werte sind mehr als modern und liegen voll und ganz im Trend der Zeit. Wie lauten sie?

Achtsamkeit: Du lernst wieder die Prioritäten des Lebens ganz neu zu setzen, wenn Du nicht alles sofort bekommst, was Dein Herz begehrt.

Dankbarkeit: Wer lernt zu sparen, weiß erfüllte Wünsche oder ein selbst gekochtes Mahl ganz anders zu schätzen als Menschen, die blind konsumieren.

Glück: Glück hängt weder alleine mit Konsum noch mit materiellen Werten wie Geld zusammen.

An diesen Werten erkennst Du schnell: Wer spart und das in einem gesunden Ausmaß, wird auf Dauer siegen! Es steigert die Lebensqualität ungemein, wenn Du ab und an enthaltsam lebst und Dir immer wieder das gönnst, was Dir Freude bereitet. Warum enden nicht nur viele Stars im Konsumrausch und sind niemals wirklich glücklich? Ganz einfach: Die Gier und das Verlangen nach Macht und Geltungsbedürfnis lässt uns seelisch verarmen. Entdecke bitte Dein gesundes Mittelmaß, sodass Du ein glückliches, bewusstes Leben führst, das Dir den ein oder anderen Genuss nicht verbietet. Was spricht dagegen, sich nicht jeden Wunsch sofort zu erfüllen? Ziele machen glücklich! Ziele motivieren! Genauso ist es auch beim Vermögensaufbau: Wer sein Ziel erreicht hat, ist mächtig stolz auf sich selbst.

Danke, dass Du dieses Buch bis zum Ende gelesen hast. Es zeigt mir, dass Du an einem so richtig stark interessiert bist: An Deinem Verhalten und der Einstellung gegenüber Geld. Geld macht nicht glücklich – Geld macht jedoch unabhängig.

Schon jetzt wünsche ich Dir aus tiefstem Herzen:

Viel Erfolg bei der Umsetzung des ein oder anderen Tipps rund ums Thema: Investieren und Sparen mit Sinn und Verstand. Wetten, dass Du dabei ganz neue Werte für Dein Leben entdecken wirst?

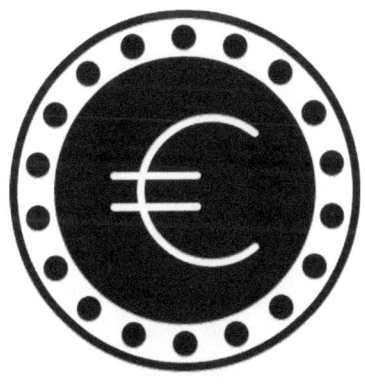

BUDGET
P L A N E R

NAME:
_____

TELEFON:
_____

BUDGET Planer

MONAT:

KONTOSTAND: _____

EINKOMMEN

EINGANG	PLAN	IST

SUMME:

SPAREN

EINGANG	PLAN

SUMME:

AUSGABEN

BESCHREIBUNG	BUDGET	AKTUELL	DIFFERENZ

SUMME:

BUDGET Planer

MONAT:

KONTOSTAND: _____

EINKOMMEN

EINGANG	PLAN	IST

SUMME:

SPAREN

EINGANG	PLAN

SUMME:

AUSGABEN

BESCHREIBUNG	BUDGET	AKTUELL	DIFFERENZ

SUMME:

BUDGET *Planer*

MONAT:

KONTOSTAND: _____

EINKOMMEN			SPAREN	
EINGANG	PLAN	IST	EINGANG	PLAN
SUMME:			SUMME:	

AUSGABEN			
BESCHREIBUNG	BUDGET	AKTUELL	DIFFERENZ
SUMME:			

BUDGET *Planer*

MONAT:

KONTOSTAND: _____

EINKOMMEN

EINGANG	PLAN	IST
SUMME:		

SPAREN

EINGANG	PLAN
SUMME:	

AUSGABEN

BESCHREIBUNG	BUDGET	AKTUELL	DIFFERENZ
SUMME:			

BUDGET *Planer*

MONAT:

KONTOSTAND: _____

EINKOMMEN

EINGANG	PLAN	IST

SUMME:

SPAREN

EINGANG	PLAN

SUMME:

AUSGABEN

BESCHREIBUNG	BUDGET	AKTUELL	DIFFERENZ

SUMME:

BUDGET *Planer*

MONAT:

KONTOSTAND: _____

EINKOMMEN

EINGANG	PLAN	IST

SUMME:

SPAREN

EINGANG	PLAN

SUMME:

AUSGABEN

BESCHREIBUNG	BUDGET	AKTUELL	DIFFERENZ

SUMME:

BUDGET *Planer*

MONAT:

KONTOSTAND: _____

EINKOMMEN			SPAREN	
EINGANG	PLAN	IST	EINGANG	PLAN
SUMME:			SUMME:	

AUSGABEN

BESCHREIBUNG	BUDGET	AKTUELL	DIFFERENZ
SUMME:			

BUDGET Planer

MONAT:

KONTOSTAND: _____

EINKOMMEN

EINGANG	PLAN	IST

SUMME:

SPAREN

EINGANG	PLAN

SUMME:

AUSGABEN

BESCHREIBUNG	BUDGET	AKTUELL	DIFFERENZ

SUMME:

BUDGET *Planer*

MONAT:

KONTOSTAND: _____

EINKOMMEN			SPAREN	
EINGANG	PLAN	IST	EINGANG	PLAN
SUMME:			SUMME:	

AUSGABEN

BESCHREIBUNG	BUDGET	AKTUELL	DIFFERENZ
SUMME:			

BUDGET *Planer*

MONAT:

KONTOSTAND: _____

EINKOMMEN

EINGANG	PLAN	IST

SUMME:

SPAREN

EINGANG	PLAN

SUMME:

AUSGABEN

BESCHREIBUNG	BUDGET	AKTUELL	DIFFERENZ

SUMME:

BUDGET Planer

MONAT: _____

KONTOSTAND: _____

EINKOMMEN

EINGANG	PLAN	IST

SUMME: _____ _____

SPAREN

EINGANG	PLAN

SUMME: _____

AUSGABEN

BESCHREIBUNG	BUDGET	AKTUELL	DIFFERENZ

SUMME: _____ _____ _____

BUDGET Planer

MONAT:

KONTOSTAND: _____

EINKOMMEN			SPAREN	
EINGANG	PLAN	IST	EINGANG	PLAN
SUMME:			SUMME:	

AUSGABEN

BESCHREIBUNG	BUDGET	AKTUELL	DIFFERENZ
SUMME:			

BUDGET Planer

MONAT:

KONTOSTAND: _____

EINKOMMEN			SPAREN	
EINGANG	PLAN	IST	EINGANG	PLAN
SUMME:			SUMME:	

AUSGABEN			
BESCHREIBUNG	BUDGET	AKTUELL	DIFFERENZ
SUMME:			

BUDGET *Planer*

MONAT:

KONTOSTAND: _____

EINKOMMEN

EINGANG	PLAN	IST

SUMME:

SPAREN

EINGANG	PLAN

SUMME:

AUSGABEN

BESCHREIBUNG	BUDGET	AKTUELL	DIFFERENZ

SUMME:

BUDGET *Planer*

MONAT:

KONTOSTAND: _____

EINKOMMEN			SPAREN	
EINGANG	PLAN	IST	EINGANG	PLAN
SUMME:			SUMME:	

AUSGABEN			
BESCHREIBUNG	BUDGET	AKTUELL	DIFFERENZ
SUMME:			

BUDGET Planer

MONAT:

KONTOSTAND: _____

EINKOMMEN

EINGANG	PLAN	IST

SUMME:

SPAREN

EINGANG	PLAN

SUMME:

AUSGABEN

BESCHREIBUNG	BUDGET	AKTUELL	DIFFERENZ

SUMME:

BUDGET *Planer*

MONAT:

KONTOSTAND: _____

EINKOMMEN

EINGANG	PLAN	IST

SUMME:

SPAREN

EINGANG	PLAN

SUMME:

AUSGABEN

BESCHREIBUNG	BUDGET	AKTUELL	DIFFERENZ

SUMME:

BUDGET Planer

MONAT:

KONTOSTAND: _____

EINKOMMEN			SPAREN	
EINGANG	PLAN	IST	EINGANG	PLAN
SUMME:			SUMME:	

AUSGABEN

BESCHREIBUNG	BUDGET	AKTUELL	DIFFERENZ
SUMME:			

BUDGET Planer

MONAT:

KONTOSTAND: _____

EINKOMMEN			SPAREN	
EINGANG	PLAN	IST	EINGANG	PLAN
SUMME:			SUMME:	

AUSGABEN			
BESCHREIBUNG	BUDGET	AKTUELL	DIFFERENZ
SUMME:			

BUDGET Planer

MONAT:

KONTOSTAND: _____

EINKOMMEN				SPAREN	
EINGANG	PLAN	IST		EINGANG	PLAN
SUMME:				SUMME:	

AUSGABEN			
BESCHREIBUNG	BUDGET	AKTUELL	DIFFERENZ
SUMME:			

BUDGET *Planer*

MONAT:

KONTOSTAND: _____

EINKOMMEN

EINGANG	PLAN	IST

SUMME:

SPAREN

EINGANG	PLAN

SUMME:

AUSGABEN

BESCHREIBUNG	BUDGET	AKTUELL	DIFFERENZ

SUMME:

BUDGET Planer

MONAT:

KONTOSTAND: _____

EINKOMMEN

EINGANG	PLAN	IST

SUMME:

SPAREN

EINGANG	PLAN

SUMME:

AUSGABEN

BESCHREIBUNG	BUDGET	AKTUELL	DIFFERENZ

SUMME:

BUDGET Planer

MONAT:

KONTOSTAND: _____

EINKOMMEN

EINGANG	PLAN	IST

SUMME:

SPAREN

EINGANG	PLAN

SUMME:

AUSGABEN

BESCHREIBUNG	BUDGET	AKTUELL	DIFFERENZ

SUMME:

BUDGET Planer

MONAT:

KONTOSTAND: _____

EINKOMMEN

EINGANG	PLAN	IST

SUMME:

SPAREN

EINGANG	PLAN

SUMME:

AUSGABEN

BESCHREIBUNG	BUDGET	AKTUELL	DIFFERENZ

SUMME:

BUDGET *Planer*

MONAT:

KONTOSTAND: _____

EINKOMMEN

EINGANG	PLAN	IST

SUMME:

SPAREN

EINGANG	PLAN

SUMME:

AUSGABEN

BESCHREIBUNG	BUDGET	AKTUELL	DIFFERENZ

SUMME:

BUDGET Planer

MONAT:

KONTOSTAND: _____

EINKOMMEN

EINGANG	PLAN	IST

SUMME:

SPAREN

EINGANG	PLAN

SUMME:

AUSGABEN

BESCHREIBUNG	BUDGET	AKTUELL	DIFFERENZ

SUMME:

BUDGET *Planer*

MONAT:

KONTOSTAND: _____

EINKOMMEN

EINGANG	PLAN	IST

SUMME:

SPAREN

EINGANG	PLAN

SUMME:

AUSGABEN

BESCHREIBUNG	BUDGET	AKTUELL	DIFFERENZ

SUMME:

BUDGET Planer

MONAT:

KONTOSTAND: _____

EINKOMMEN

EINGANG	PLAN	IST

SUMME:

SPAREN

EINGANG	PLAN

SUMME:

AUSGABEN

BESCHREIBUNG	BUDGET	AKTUELL	DIFFERENZ

SUMME:

BUDGET Planer

MONAT:

KONTOSTAND: _____

EINKOMMEN			SPAREN	
EINGANG	PLAN	IST	EINGANG	PLAN
SUMME:			SUMME:	

AUSGABEN			
BESCHREIBUNG	BUDGET	AKTUELL	DIFFERENZ
SUMME:			

BUDGET *Planer*

MONAT:

KONTOSTAND: _____

EINKOMMEN

EINGANG	PLAN	IST

SUMME:

SPAREN

EINGANG	PLAN

SUMME:

AUSGABEN

BESCHREIBUNG	BUDGET	AKTUELL	DIFFERENZ

SUMME:

www.ingramcontent.com/pod-product-compliance
Lightning Source LLC
Chambersburg PA
CBHW021828170526
45157CB00007B/2714